KB251294

웃다 보니 살맛이 납니다

세상을 변화시키고 나를 바꾸는 힘

웃다 보니 살맛이 납니다

초판 1쇄 인쇄일 2026년 3월 12일
초판 1쇄 발행일 2026년 3월 25일

지은이 전소영
펴낸이 양옥매
디자인 송다희 표지혜
교   정 조준경
마케팅 송용호

펴낸곳 도서출판 책과나무
출판등록 제2012-000376
주소 서울특별시 마포구 방울내로 79 이노빌딩 302호
대표전화 02.372.1537   **팩스** 02.372.1538
이메일 booknamu2007@naver.com
홈페이지 www.booknamu.com
ISBN 979-11-6752-780-6 (03190)

* 저작권법에 의해 보호를 받는 저작물이므로 저자와 출판사의 동의 없이
  내용의 일부를 인용하거나 발췌하는 것을 금합니다.
* 파손된 책은 구입처에서 교환해 드립니다.

세상을 변화시키고 나를 바꾸는 힘

웃다 보니
살맛이 — 납
니
다

전소영 지음

책과나무

매 순간 감사하고 도전하며 즐겨라!

나는 남들보다 뒤늦은 나이에 많은 것에 도전하며 살고 있다. 그럼에도 매사에 감사해하며 최선을 다하는 나 자신을 칭찬해 주고 싶다. 지금까지 해 보고 싶은 것은 두려워하지 않고 해 왔기 때문에 무엇을 하든지 겁이 나지는 않는다.

그러다 보니, 주변에서 나이나 환경을 탓하며 아무것도 할 수가 없다는 사람들을 보면 안쓰럽다. '나이가 뭐 어때서? 환경은 극복해 나가면 되지.'라고 말해 주고 싶다. 스스로를 무능하다며 자신의 삶에 지나치게 소극적이고 의욕이 없는 여성임을 자처하는 것이 나는 싫다. 이러한 나의 생각에, 이 세상에서 당당하게 살아가는 여성들은 매우 공감할 거라고 본다.

세월이 흐르면 나이를 먹는 것은 자연스런 삶의 과정이다. 이 세상의 어떤 것도 세상에 태어나서 병들고 나이 들며 결국엔 모두 죽기 마련이고, 누구나 같은 길을 가게 된다는 것은 명백한 사실이다.

그러나 그렇다고 아무것도 하지 않고 허송세월하고 있을 수는 없지 않은가? 그날이 언제 올지는 모르지만 그 순간까지 우리는 배움, 행복, 의지의 탄력을 유지하며 노력해야 한다. 피할 수 없다면 다양한 변화를 받아들이고 적어도 노력은 해 봐야 한다고 생각한다.

삶이 유한하다는 사실이야말로 우리 스스로가 삶을 소중하게 만들어 가야 하는 조건이라고 믿는다. 인생은 짧다. 이 사실을 깨닫고 있어야만 매 순간순간을 감사하게 생각하며 사랑하고 베풀며 시간을 소중하게 생각하며 살 수 있다.

앞으로 다가올 미래에는 좋든 싫든 불가피하게 여성들이 사회에 더 많은 영향을 끼치게 될 것이다. 이 책이 한 여성으로서 그리고 엄마로서 그리고 사회활동을 하는 사람으로서 진정으로 깨어 있기를 바라는 마음에서 제2의 삶을 시작하는 여성들에게 도움이 될 수 있기를 바란다.

나 역시 세상사에 대한 답을 정확히는 알고 있지 못하며 오히려 그 반대일 수도 있다는 사실을 분명히 말해 두고 싶다. 나는 단지 경험자이자 여전히 부족함을 느끼고 끊임없이 배우는 사람이다.

나 자신도 사회생활을 하며 알게 되는 나를 지금도 발견해 가고 있다. 그래서 그 기쁨으로 날을 하얗게 새기도 하고 소녀처럼 가슴이 콩닥콩닥 뛰기도 한다. 그래서 모두와 공유하고 싶었다. 사는 것이 아무리 힘들고 버겁더라도 의식을 가지고 있으면 매 순간이 소중하고 귀한 선물이라는 것을 말해 주고 싶었다.

살아 있는 오늘 하루가 즐겁고 감사하다는 것을 느껴야 한다. 어떤 어려움을 겪든 살아 있음은 축복이고 선물이다. 하루하루 내게 주어진 그 축복과 선물을 최대한 누리며 살자!

해피바이러스
전소영

1부

나와 세상을 바꾸는 힘, 웃음과 유머

나를 지켜 주는 힘, 유머

참 짜증 나는 세상살이다. 신문을 봐도, 출근을 해도, 집 안을 둘러봐도, 먼저 튀어나오는 것은 짜증 섞인 자조의 한숨뿐이다. 주위를 돌아보라. 좀 자유롭게, 행복하게 살자는데, 뭐 그리 훼방꾼이 많은지….

미치도록 미운 놈과 한 사무실에서 버텨 내고도, 술자리에선 둘도 없는 의리의 친구인 척해야 한다. 이젠 지겨울 때도 된 남편이나 마누라 얼굴도 멋지고 예쁘다고 최면을 걸어야 하고, 뒤통수에 꿀밤이라도 먹이고 싶은 상사에게는 비굴하지만 존경의 눈길로 그를 맞아야 살 수 있다. 이것이 삶이다. 힘들어도, 더럽고 치사해도 우리는 참는다.

그러다 도저히 감당이 안 되면 '에라 모르겠다!' 하고는 휴대전화까지 끄고 용감하게 달려 보지만 그래 봐야 마땅히 갈 곳이 없는 게 현재를 살아가는 우리네 사는 모습이다.

그래서 이런 삶의 신산으로부터 스스로를 지켜 주는 마음속의 방어 장치가 필요한 것이다. 감당하기 힘든 어려움이나 결코 실행에 옮겨서는 안 되는 충동으로부터 자신을 지켜 주는 마음의 장치를 심리학에서는 '방어기제'라고 한다. 이런 '방어기제'는 외부나 내부로부터의 불쾌한 자극을 자동적으로 처리하도록 반응한다.

● 유머는 훌륭한 방어기제다

'유머' 이야기는 없고, 뜬금없이 마음의 방어 장치는 뭐냐고 하겠지만, '유머'는 심리학에서 중요한 '방어기제'의 하나로 간주된다. 아마도 인간이 가진 가장 멋지고 강력한 방어 장치 중 하나일 것이다.

특히 유머는 '방어기제'들 가운데 성숙하고 세련된 방법으로 통한다. 유머는 이를 발휘하는 사람으로 하여금 부담 없이 자신의 생각이나 감정을 시원하게 드러내면서도 다른 이들의 반발을 사지 않는 효과를 지닌다.

또한 어렵거나 참기 힘든 일도 가벼운 기분으로 받아들이게 하고, 그 일에 집중하여 끝내거나 극복하게 도와주는 효과가 있다. 여기에 핵심은 코미디를 사용한다는 점이다. 웃음 내지는 웃음적 요소가 들어 있어야 한다는 것이 필수다. 이것이 바로 '유머'다.

● 유머는 관계다

유머는 단지 개그맨의 기지가 아니다. 성공의 필수 요건으로서 유머는 우리가 지향해야 하는 마음의 태도나 습관이다. 경직되고, 분리하고, 차별하는 세상에서 형식을 파괴하고 고정관념을 비웃고 격식이나 딱딱함을 깨는 힘이다. 대인관계에서도 마찬가지이다. 누구나 어려운 만남이 있다. 수많은 청중들 앞에서 혼자 남겨져 많은 시간을 자신의 이야기로 채워야 할 때, 철천지원수와 외나무다리에서 만날 때도 유머는 다툼을 잠재우고 갈등을 없애는 힘이 되는 것이다.

● 유머는 인격이다

우리 시대의 자칭 지도자들은 유머가 너무 없다. 편 나누기, 싸우기, 분열 등 배타적이고 심각하다. 두 눈으로 보듯이 유머가 부족하면 나라도 위태로워질 수 있는 법이다. 유머를 가진 인격, 한번 가져 보고 싶지 않은가?

● 유머는 힘이다

주변으로 확산되니 말이다. 그래서 함께 겪는 어려움도 쉽게 이겨 웃음과 함께라면 낼 수 있는 것으로 여기며 농담을 주고받을 수 있는 것이다.

● 유머는 재치 있는 비판이다

비아냥거림이나 욕설을 예쁘게 포장해서 담을 수 있다. 공격 받지 않고 실컷 공격할 수 있는 최상의 수단이다. 그래서 유머는 탈권위적이다. 이는 신문이나 잡지에서 엉뚱하고 밉살스럽게 그려진 정치지도자들의 캐리커처에서 쉽게 찾아볼 수 있다. 이를 통해 우리는 억눌린 감정을 해소하면서도 보복의 두려움을 느낄 필요가 없다. 그냥 만화를 그린 것뿐이니 말이다. 물론 요즘은 그런 너그러움도 많이 사라져 버려 더욱 고차원의 유머가 필요해져 버렸지만 말이다.

● 유머는 위대하다

유머의 '감각'은 격렬한 복싱 경기에서 상대가 날린 스트레이트를 나비같이 가벼운 발놀림으로 슬쩍 몸을 돌려 피하며 재빠르게 날리는 훅과 같은 것이다. 복싱에서 유머의 대가는 단연 무하마드 알리다. 자, 그럼 다들 무하마드 알리가 되어 보는 건 어떨까? 보라! 유머만 있으면 다 될 것 같지 않은가?

2차 세계대전 중 독일군의 포격으로 영국의 버킹검궁의 벽 일부가 무너진 일이 있었다. 이는 영국의 상징과 국민의 자존심을 무너뜨린 일이었고, 특히 전쟁 중에 국민적 사기와도 큰 관련이 있는 부분이었다. 이때 엘리자베스 여왕은 대국민 담화를 통해 이렇게 말했다.

"국민 여러분, 안심하십시오! 독일군의 포격 덕분에 왕실과 국민 사이를 가로막고 있는 장벽이 사라졌습니다. 이제 여러분의 얼굴을 잘 볼 수 있고, 여러분의 말을 더 잘 들을 수 있게 되어 다행입니다. 우리는 이제 더 단합된 모습으로 전쟁을 이길 수 있습니다."

이 얼마나 적절한 유머 사용인가? 우리도 이제는 유머에 관심을 가지고 사용해 보자.

✳ 누구의 집

친구가 재민이 집에 전화를 했는데 재민이 아버지가 전화를 받았다.

"여보세요? 거기 재민이네 집이죠?"

그랬더니 재민이 아버지께서 대답했다.

"아니다. 내 집이다."

✳ 무슨 증세?

남편을 보고 가슴이 떨리면? 부정맥

남편이 여전히 멋져 보이면? 백내장

남편과 달달한 커피가 마시고 싶으면? 당뇨병

남편을 보면 목소리 톤이 애교 있게 바뀌면? 갑상선질환

남편에게 자꾸 기대고 싶으면? 관절염

아내가 나를 덤덤하게 본다는 것은 건강한 증거다.

감동과 웃음을 주는 첫마디

처칠은 "입에 발린 첫마디는 공허하다."고 했다. 상대방을 존경하고 배려하는 마음으로 바라보고, 감동을 줄 마음의 준비가 되어 있다면, 이제 웃음과 유머로써 한층 더 업그레이된 첫마디를 할 때이다.

"여러분, 저는 오늘 여러분이 건강하게 사느냐, 아니면 죽느냐를 결정하기 위해 이 자리에 왔습니다."

어느 건강식품을 홍보하기 위해 마이크를 잡은 사람의 한마디였지만, 모두들 그 한마디에 관광지에서 두 시간 넘게 서서 그 사람의 말을 들어야 했다.

● 상대에게 먹힐 말을 하라

말의 어려움은 자기중심적인 사람이 많이 느끼게 된다. 상대방을 배려하기보다는 자기주장, 자기가 하고 싶은 말만 하기 때문이다. 자기 의견이 강한 사람은 일의 추진력은 있을 줄 몰라도 상대방의 마음을 배려하는 마음을 갖지는 못한다.

말을 할 때는 내가 하고 싶은 말보다는, 상대가 무엇을 관심 있게 들을 것인지를 미리 생각하고 하는 것이 좋다. 요즘은 많은 사람들이 건강에 관심을 두고 있다. 그렇다고 건강에 좋다고 하는 것을 무조건 말하는 것이 아니라, 어떻게 하면 짧은 시간에 상대의 마음을 움직일 수 있는 말을 할 것인가가 중요하다.

● 분위기를 띄워라

분위기가 어색하면 각자 다른 생각을 하기 때문에 사람들의 주의를 끌어내어 이야기하지 않으면 안 된다.

고객은 단순히 무언가를 사고, 먹고, 입는 것이 아니라 소비하는 과정을 통하여 즐거움을 얻고 스트레스를 해소하고자 하는 부분이 더 커지고 있다. 이러한 고객을 대하는 입장에서 기업에서는 또 다른 웃음과 유머가 경쟁력이 될 수밖에 없는 것이다.

틀에 박힌 언어와 어투, 매뉴얼화된 접대 용어, 기계화된 서비스…. 이런 것들로는 이제 더 이상 고객의 마음을 사로잡을 수 없다. 한 번 온 고객을 두 번, 세 번 오게 할 수 없는 것이다.

영원한 고객을 만들기 위해서 필요한 것은 웃음이다. 그러기 위해서 매장의 종업원, 점주 모두가 항상 웃어야 한다. 고객들을 바라보며 마음속으로 '난 고객님을 웃게 만들 것이다. 난 고객님을 내 편으로 만들 것이다. 고객님을 이 매장에 푹 빠지게 만들 것이라고 말이다.'라고 주문을 걸어야 한다.

번뜩이는 재치와 개인기, 뛰어난 입담이 있다면 우리는 《개
그콘서트》에 출연하는 개그맨이 됐을 것이다. 하지만 매장을
찾아오는 고객은 TV에서 볼 법한 개그쇼까지 원하는 것은 아니
다. 그 정도의 융통성은 있다. 하지만 타고난 끼가 없다고, 유
머 감각이 없다고 고객을 웃지 못하게 하라는 법은 없다.

어느 곳에 웃음을 파는 가게가 있는가? 웃는 표정이 상품으
로 나와 있는 게 있는가? 없다! 그러하기에 웃음을 주고, 웃음
을 파는 첫 매장이 우리 가게라는 자부심을 갖고, 웃음과 유머
를 개발해야 한다. 손님이 자신의 돈지갑을 열어 웃음의 대가
를 지불하는 것이 아깝지 않게, 사장과 가게의 직원 모두가 '웃
음의 전령사'가 되어야만 한다.

대형마트에서 주부들의 눈과 발을 끄는 곳은 초특가 세일이
나 잠깐 세일 혹은 1+1이 판매되는 곳이다. 우리 매장에서 줄
수 있는 최고의 상품과 더불어, 웃음이라는 보너스를 더 얹어
줘야 요즘같이 경쟁이 치열할 때 고객의 발걸음을 멈추게 할 수
있다.

우리는 고객이 웃을 때까지 인사하고, 웃을 때까지 챙겨 주
고, 웃을 때까지 웃어 주면 된다. 또한 재미있는 서비스와 이벤
트로 고객의 마음을 움직이게 해야 한다.

● 진심으로 웃어라

예전엔 부지런하고 성실한 사람이 최고의 직원이었다면, 요즘은 재치와 유머가 넘치는 사람이 최고의 직원으로 대우받는다.

웃기 위해서는 웃을 수 있는 마음의 자세가 필요하고, 표정은 환하게, 소리는 호탕해야 한다. 자신감이 없는 사람, 억지로 웃는 사람은 웃을 때 얼굴 근육을 많이 사용하지 않는다. 그래서 웃고 있어도 밝고 환한 표정으로 보이지 않고, 웃음소리도 멀리 퍼지지 못한다.

하지만 진심으로 웃는 사람은 경쾌하고 밝고 익살스러운 표정을 지으며 큰 소리로 웃는다.

손님이 매장에 첫발을 내디뎠을 때 직원들이 보내는 웃음의 의미는 '만남을 기뻐하고 있다. 당신이 와 주어서 감사하다.'는 긍정적인 반응이며, 그런 대우를 받은 손님 또한 긍정적인 대답을 보낼 수밖에 없다. 직원의 서비스, 가게의 만족도에 대한 평가는 가게를 나갈 때 고객이 종업원에게 웃으며 인사했느냐 안 했느냐에 따라 성적이 매겨진다.

고객을 웃게 하는 순간 매장의 이익은 분명 올라간다는 사실을 꼭 명심해라. 웃음과 유머가 고객의 지갑을 여는, 비상금까지 털어 내는, 돈 되는 기술임을 잊지 마라.

웃음의 파워, 그 강력하고 긍정적인 에너지를 첫 만남에서 상대에게 전하게 되면 내가 원하는 대로 상대의 도움을 끌어내는 것은 한결 수월해진다.

✳ 손님의 옷에 풀?

매장의 직원이 손님을 쳐다보며 한마디 한다.

"사모님 옷에 풀이 묻었네요!"

손님이 화들짝 놀라며 "뭐라고요? 풀?" 하니까 직원이 웃으며 한마디 한다.

"뷰티풀요."

이렇게 말하는데 화를 낼 고객이 있을까? 물론 처음 보자마자 이런 유머를 던지기도 쉽지 않을 일이긴 하지만.

✳ 손님을 웃게 만드는 한 줄

음식점에 가서 물을 마시려고 정수기 앞에 갔다가 나도 모르게 소리 내어 웃은 글귀가 있다.

'산천은 무구하되 물은 셀프로다.'

나만 웃었을 거라는 생각은 하지 않는다. 어디서 이렇게 재치 있는 멘트를 생각해 냈을까?

세상을 밝힐 무기, 긍정 바이러스

긍정이란 "어떤 상황에서도 희망적인 생각과 말, 행동을 하도록 마음을 품는 것"이라는 사전적 의미를 갖고 있다. 즉, 누구나 스스로의 선택에 의해 충분히 긍정할 수 있고 긍정적으로 변화할 수 있다는 것이다.

오늘날 많은 사람들이 변화하는 시대에 발맞추기 위해, 변화하는 시대를 주도하기 위해, 혹은 변화하는 시대를 따라가지 못해 영혼들이 시들어 가고 있다. 그러나 우리는 어떠한 상황에서도 자신에게 있는 좋은 부분을 바라보는 마음의 창을 열어야 한다.

우리의 뇌는 진짜와 가짜를 구분하지 못한다고 한다. 『뇌내혁명』을 지은 하루야마 시게오는 우리 뇌는 어떻게 생각하느냐에 따라 달라진다고 주장했다. 마이너스 발상을 하면 뇌도 그렇게 작용하여 부정적인 호르몬을 분비하지만 플러스 발상, 즉 긍정적인 생각을 하면 베타 엔도르핀이란 것이 분비되어 사람을 젊고 건강하게 만든다는 것이다.

지금은 이러한 긍정적인 생각이 필요한 때다. 시들어 가는 영혼들을 일으켜 세울 강력한 무기는 긍정 바이러스이다. 긍정 바이러스는 한번 침투하면 절대 세력이 약해지지 않고, 생각을 변화시키고 꿈을 이루게 하여 인생을 찬란하게 이끌어 줄 것이다. 또한 바이러스가 지닌 특징인 폭발적 전염력이 더해져 시들어 가는 세상을 밝힐 수 있다.

아기 때를 생각해 보자. 우리는 본래 긍정적인 존재였다. 아무것도 아닌 일에 웃었고 어떠한 상황에서도 희망을 잃지 않았으며 언제나 꿈꾸었다. 이제 그 본성을 되돌릴 시간이 되었다. 당신은 그저 긍정 바이러스 버스에 올라타기만 하면 된다.

● 삶을 긍정적으로 받아들이기

일로 울산을 갔을 때 어느 자리에서 79세 할아버지를 만났는데, 계속 함박웃음을 띠고 계시기에 여쭈어보았다.

"어르신 참 건강해 보이시네요?"

"그럼 난 건강하고말고. 말기 대장암을 제외하곤 다 좋거든."

순간 정신이 띵해지는 것을 느꼈다.

"난 정말 행복하다우. 찢어지게 가난한 집에 태어나 어렵게 공부해서 좋은 곳에 취직도 했고, 예쁜 마누라를 얻어 결혼하고, 자식도 열 명에 손자들 재롱도 보고 살고 있으니 얼마나 성공한 인생이야?"

순간 나 자신이 무척이나 부끄러웠다. 내게도 아팠던 순간이 있었지만 정말 그 어르신같이 긍정적으로 받아들이지 못하고 자신을 한탄하고 세상 탓을 했었는지 모른다. 어르신들을 만나면 항상 내가 배워 가는 것이 꼭 있구나 싶었다. 과연 할아버지를 암의 고통에서도 행복하게 만들고 저리도 편안하게 죽음에 맞서고 있는 힘은 무엇일까? 궁금해졌다.

그것이 긍정의 힘! 바로 유머의 매력이라고 단언한다. 유머는 힘들고 어려움 속에서도 견딜 수 있는 힘과 여유를 주기 때문이다.

● 세상을 따뜻하게 바라보는 눈

한 연구에 따르면, 암에 걸린 사람들이 긍정적인 마음을 얼마나 갖는지 여부에 따라 치료율도 달라진다고 한다. 암을 고칠 수 없는 고질병으로 생각하는 사람에겐 암 치료율이 38%에 그치지만, 단어에 점 하나를 붙여 '고칠 병'으로 생각하면 70%까지 치료율이 올라간다는 것이다.

암을 죽음과 연결하느냐 삶으로 해석하느냐에 따라 삶이 달라진다는 것 아닌가. 긍정적 생각이 삶에 미치는 과학적 영향도 입증된 셈이다.

세상엔 60억이 넘는 사람들이 있다. 어떤 이들은 무언가 많이 움켜쥔 상위 1%가 우리 세상을 이끌어 간다고 하지만 그것은 단편적인 생각일 뿐이다. 세상을 돋보이게 만드는 이들은 긍정의 대가들이다. 결국 그들이 세상을 움직인다. 이제 우리도 자신의 삶을 존중하며 긍정의 대가가 되어야 한다.

암에 걸렸지만 행복을 찾는 할아버지처럼 바로 지금, 여기, 당신의 삶에서 긍정을 찾으면 누구나 긍정의 대가가 될 수 있다.

- 불경기는 불같은 경기로!
- 내가 배가 나온 게 아니라 가슴이 들어간 거야.
- 나는 알부자야. 계란 두 판 들여놨거든.
- 내가 키가 작은 것이 아니라 네가 큰 거야.
- 우리 애들이 공부를 못하는 것이 아니라 너희 애들이 공부를 잘하는 거야.

상황이 바뀌지 않는다면 내가 바꿔 보자. 생각만 바꾸어도 마음이 한결 가벼워지는 것을 느낄 수 있을 것이다.

인생을 변화시키는 긍정 말하기

우리나라 사람들은 삼세번을 참 좋아한다. '가위바위보'를 해도 삼세번으로 승부를 가리고 뭘 먹어도 삼세번을 강조한다. 3이란 숫자가 완벽성이란 의미를 품고 있어서이기도 하지만, 한국인들이 세 번을 중시하는 것은 단 한 번으로 결정을 내리기보다 기회를 조금 더 줌으로써 만회할 여유를 주는 긍정적 이유도 있을 것이다. 그런 의미에서 인생에 있어 중요한 세 가지에 대해 이야기해 보고자 한다.

● **인생에서 다스려야 할 세 가지**

인생을 살면서 다스려야 할 세 가지가 있다. 그것은 성질, 혀, 행위이다. 부연 설명하는 것이 무색할 정도로 성질, 말, 행동을 조심해야 하는 것은 너무 중요한 일일 것이다. 또한 이 세 가지는 서로 관련이 있어 함께 주의해야 한다.

논리학자였던 피에르 아벨라르는 논쟁에서 누구에게도 진적 없고 공개 논쟁에서조차 스승을 굴복시킬 정도로 뛰어난 논쟁가였다. 그의 혀는 논쟁과 토론을 벌여 대가와 석학들을 무참히 굴복시키고야 말았다. 어딜 가나 주위 사람들의 위선을 폭로하는 데 열심이었던 그였기에 사람들은 그를 경외했지만, 돌아서면 피에르의 불운을 기원할 정도로 그를 미워하기도 했다.

피에르는 말년에 고향의 수두원 원장으로 부임했지만 그곳에서도 세 치 혀는 끊임없이 비판을 쏟아 냈고, 말 때문에 독살당할 위기에 처하기도 했다. 훗날 사람들은 그를 천재라 기억하면서도 남에게 깊은 아픔과 상처를 주는 천재로 회고했다.

그의 불행한 삶의 원인은 무엇이었을까. 그는 혀와 행동은 물론, 성품까지 다스리지 못했기 때문이다. 인생에서 다스려야 할 세 가지를 반드시 기억하길 바란다.

● 긍정 말하기

이 세 가지는 늘 조심해야 하지만 여기에 긍정의 요소를 불어넣으면 의외의 결과가 나타난다. 세 치 혀의 부정적인 이미지에 긍정을 불어넣는 것이다. 아벨라르가 입을 열 때마다 부정적인 말을 쏟아 내었던 것과는 달리, 우리는 긍정의 말을 쏟아내 보자. 가령 긍정 말하기는 다음과 같다.

"나는 안 돼." → "나는 돼."

"나는 할 수 없어." → "나는 할 수 있어."

"저 사람 맘에 안 들어." → "저 사람 맘에 들어."

"나 같은 게….." → "나나 되니까."

절대 어려운 일이 아니다. 말이 씨가 된다는 옛말이 있듯 긍정의 말이 씨가 되어 행동을 변화시키고 결국 성품에 영향을 주고, 나아가서는 인생을 변화시킬 수 있다. 우리는 각자 자신의 인생을 디자인해 나가는 디자이너다. 디자이너로서 다스려야할 세 가지를 염두에 두며, 거기다 긍정의 요소를 꼭 더해야 한다. 그렇게 된다면 삶을 다스리는 일이 조심스러운 것이 아닌 신나는 일이 될 것이다.

● 두 소년의 미래를 바꾼 한마디

작은 시골 천주교회의 주일 미사에서 신부를 돕고 있던 한 소년이 실수를 하여 제단의 성찬으로 사용할 포도주 그릇을 떨어뜨렸다. 신부는 즉시 소년의 뺨을 치며 소리를 질렀다.

"어서 물러가고 다시는 제단 앞에 오지 마!"

이 소년은 장성하여 공산주의의 대지도자인 유고슬라비아의 티토 대통령이 되었다.

다른 큰 도시의 천주교회당에서 미사를 돕던 한 소년이 역시 성찬용 포도주 그릇을 떨어뜨렸다. 신부는 곧 이해와 동정이 어린 사랑의 눈으로 그를 바라보며 조용히 속삭여 주었다.

"응, 네가 앞으로 신부가 되겠구나."

이 소년은 자라나서 유명한 대주교 훌톤 쉰이 되었다.

티토 소년은 그 말대로 제단 앞에서 물러가 하나님을 비웃는 공산주의의 지도자가 되었고, 쉰 소년은 그 말대로 귀한 하나님의 일꾼이 된 것이다. 내 입에서는 어떤 말들이 흘러나오고 있을까? 그것은 축복과 믿음의 긍정적인 말들일까, 아니면 의심과 저주의 부정적인 말들일까?

● 가슴에 새겨 둘 명언

"감사하며 받는 자에게는 풍성한 수확이 따라온다. 말만으로 감사하는 것은 믿을 만한 것이 못 된다. 진심으로 하는 감사는 마음으로 감사하고 행동으로 나타내는 것이다." – 윌리엄 블레이크

"남을 너그럽게 받아들이는 사람은 항상 사람들의 마음을 얻게 되고, 위엄과 무력으로 엄하게 다스리는 자는 항상 사람들의 노여움을 사게 된다." – 세종대왕

"당신이 매일 만나는 사람들의 4분의 3은 '나와 같은 의견을 가진 사람은 없을까?' 하고 필사적으로 찾고 있다. 이 소망을 채워 주는 것이 바로 남에게 호감을 사는 비결이다." – 데일 카네기

"세상에서 가장 어려운 일이 뭔지 아니?"

"흠, 글쎄요. 돈 버는 일? 밥 먹는 일?"

"세상에서 가장 어려운 일은 사람이 사람의 마음을 얻는 일이란다. 각각의 얼굴만큼 아주 짧은 순간에도 각양각색의 마음속에 수만 가지의 생각이 떠오르는데, 그 바람 같은 마음을 머물게 한다는 건 정말 어려운 거란다." – 생텍쥐페리, 『어린 왕자』 中

✳ 큰 인물

지방에 출장을 간 남자가 지나가던 남자를 붙들고 물었다.

"이 고장에선 큰사람들이 많이 태어나셨죠?"

"아뇨, 애들밖엔 태어나지 않았는데요."

세상에 아름답지 않은 것은 없다

언젠가 친구 시골집을 가서 곳곳에 자라난 풀들을 솎아 내느라 흠뻑 나게 땀을 흘린 적이 있다. 여기저기 피어난 꽃도 보고 심어 놓은 야채도 보며 봄날을 만끽하려는데, 달갑지 않은 손님들이 보였다. 여기저기 가리지 않고 자란 망초였다.

예부터 망초는 마구 자라며 밭을 망치는 '망할 놈의 잡초'라는 의미로 망초라 불렀다고 한다. 조금 더 거슬러 올라가자면 일제 강점기 때 온 천하에 이 망초들이 그렇게 많이 자라나 '개망초'라고도 했단다.

그런데 어느 날 여기저기 돋아난 망초를 물끄러미 바라보는데 그 모습이 과히 나쁘지 않아 보였다. 또 한 가지 드는 생각은 왜 하필 망할 놈의 잡초라는 이름을 갖게 되었으며, 그 이름을 갖게 된 후 얼마나 모진 편견 속에 살아야 했을까 하는 안타까움이 들었다.

● 예쁘지 않은 꽃은 없다

망초에 대해 조금 더 깊이 알아보니 망초는 여러모로 쓸모 있는 풀이었다. 망초의 약효는 장의 연동 운동을 원활하게 하며 배변 활동을 돕는 기능이 있다. 또 밭에서 자라는 식물이니 그대로 뜯어서 나물로 무쳐 먹어도 좋고, 구수한 된장찌개에 넣어 먹어도 좋다는 것이다.

게다가 아기자기하게 삐쭉 내민 꽃은 얼마나 귀여운가. 망초를 보며 생각했다. 모두가 꽃이었다면 망초도 한껏 사랑받고 존재했을 것이다. 우리는 제대로 알지도 못하면서 사물에 대해 판단하는 잣대를 들이민다. 그러나 우리에겐 꽃과 잡초를 구분 지을 권리가 없다.

망초가 자기 주변에 핀 화려한 장미꽃을 보고 부러워할 때, 오히려 망초는 존재감이 사라질 것이다. 장미는 장미대로, 망초는 망초대로 존재의 가치가 있으며 서로는 다른 것이지, 틀린 것이 아니기 때문이다.

● 아름다운 눈으로 아름답게 보는 일

정호승 시인의 시처럼 "이 세상에 예쁘지 않은 꽃은 없다". 스스로 자신이 아름답다는 사실을 잊으면 아름다움도 함께 사라지는 법이다. 우리가 누군가를 보며 자신의 잣대로 아름답지 않다는 판단을 내리면 그 순간 서로가 불행해진다.

　우리는 모두 잡초가 아니다. 스스로 그렇게 믿고, 자신을 높이 평가해 주어야 한다. 그렇게 될 때 망초는 아름다운 망초로 빛나고, 당신은 스스로 빛나는 당신 자신이 될 수 있다. 아름다운 눈으로 바라보는 모든 것을 아름답게 보는 습관을 들이자. 결국은 자신을 더 아름답게 만드는 길이다.

성공을 부르는 유머의 힘

현대인은 지칠 대로 지쳐 있고 많은 스트레스 속에서 살고 있으며, 웃을 일은 점점 줄어들고 있고, 어디론가 탈출하고 싶어 하지만 그것조차 쉽지가 않다. 여유로운 시간을 즐기고 싶지만 그럴 여유는 더더욱 없다. 이러한 때, 유머는 당신의 성공을 입증해 줄 것이다.

● 유머가 조미료다

유머가 있는 조직은 서로 간의 갈등을 예방하고 해소하게 하며 친밀감을 주고 생산성을 향상시킨다.

● 인간관계의 기본인 유머

재미있는 사람들 주변에는 언제나 사람들이 모이게 되고, 재미있는 교사는 학생들이 수업에 집중하게 한다. 직장에서는 상사와의 갈등을 줄이고, 조직원 간의 거리를 좁힌다.

● 고통을 극복하는 힘

피터 버거가 그의 책『현대사회의 신』에서 언급한 바와 같이 유머는 초월 효과를 가지고 있다. 초월 효과란 유머를 듣는 순간 용기, 기쁨, 자유, 평화를 맛본다는 것.

연세대를 설립한 언더우드 목사는 가족 3명만 남은 개척교회 목사에게 "목사님은 희망이 있네요. 지금 세 명이니 더 줄어들리는 없고 앞으론 늘어날 일만 있으니 희망적이지 않나요?"라고 말했다. 언더우드 목사님의 유머 때문에 그 개척교회 목사님은 힘을 얻었다고 한다. 이렇듯 유머는 힘들고 어려울 때 방어기제의 역할도 한다는 것을 기억하자.

● 건강의 비결

식사 중일 때의 웃음은 소화 기능을 좋아지게 하여 유머는 소화제라는 말도 있다. 웃을 때 뇌하수체에서는 엔도르핀과 같은 천연진통제가, 부신에서는 염증을 낮게 하는 화학물질이 나와 고통을 잊게 하며, 동맥을 이완시켜 혈액순환을 원활하게 하여 혈압을 낮춘다. 스트레스와 긴장을 완화시켜 심장마비 같은 돌연사를 예방한다.

● 유머는 첫인상을 친근하게 한다

말레이시아의 어느 다국적 기업의 대표이사인 '얍 림 센'이라
는 사람은 유머스럽게 자기를 소개해서 상대방에게 기억하게
하는 능력을 가지고 있었다.

"내 이름은 얍(Yap)입니다. pay(지불)의 철자를 거꾸로 쓰면
되죠."

이렇듯 첫 만남에서의 유머의 효과는 이름을 기억시키는 데
그치지 않고 어색한 분위기를 친밀하게 바꾸어 줄 수 있다.

언젠가 강의를 들었던 박인옥 원장은 자신을 소개할 때 1부터
3까지 외치게 하여 자신을 소개한다.

1 – 1년 중 오늘이 가장 행복합니다.

2 – 이유는 여러분을 만났기 때문입니다.

3 – 삶에 필요한 내용만을 엄선하여 강의하러 온 강사 박인옥 인사
    드립니다.

이 소개를 들은 우리 모두는 감탄하며 놀라움을 금치 못했던
기억이 난다. 이처럼 남과 차별화되는 유머러스한 소개법을 개
발해 보자. 나도 한번 해 볼까 하여 응용해 본다면,

1 – 1년 안에 전소영의 책이 나올 예정입니다.

2 – 이렇게 제 책이 나온다니 너무나 기쁩니다.

3 – 삶을 변화시켜 준 유머와 웃음이 여러분께도 함께하시기를 기원합니다. 반갑습니다, 전소영입니다.

● 흥미와 관심

적절한 유머의 사용은 학습자의 이목을 집중시킨다. 또한 학습에 대한 흥미를 높이고 능률을 올린다.

● 안정감

유머는 마음을 안정되게 하고 방금 전의 고민도 잊어버리게 한다.

현재 나는 얼마나 행복한가?

LQ는 행복지수를 뜻한다. IQ로 측정되는 지성과 EQ로 판단하는 감성, 거기에 인간의 영적 능력을 평가하는 SQ까지를 포괄한 총체적인 지수로서 일상의 행복도를 측정하는 수치인 동시에, 어떻게 하면 행복지수를 높일 수 있는가에 대한 개인의 노력까지 포함한다.

이 테스트는 자기 자신과 하는 게임으로, 간단해 보이는 각각의 질문들을 읽고 답하면서 여러분 자신을 돌아볼 기회를 갖게 한다. 현재 나는 얼마나 행복할까? 열린 마음으로 재미있게 해보자.

● 기본 욕구 (음식, 주거)

1. 나는 좋은 레스토랑에 가는 것을 좋아한다.
전혀 아니다 1 / 가끔 간다 3 / 가능한 자주 간다 5

2. 나는 전 세계의 요리를 맛보는 것을 좋아한다.

전혀 아니다 1 / 휴가지에서 즐겨 먹는다 3 / 늘 즐겨 먹는다 5

3. 맛이 없는 것을 먹느니 차라리 안 먹는 것이 낫다.

허기를 채우는 것이 중요하다 1 / 얼마나 배고프냐에 달려 있다 3 / 전적으로 옳다 5

4. 방에 꽃이 없으면 죽어 보인다.

꽃은 낭비다 1 / 그 말은 지나치다 3 / 전적으로 동감한다 5

5. 침실은 집에서 가장 중요한 공간이다.

아니다 1 / 거실과 비슷하다 3 / 맞다 5

6. 정말 좋은 와인을 위해서라면 돈을 아끼지 않는다.

싼 와인도 좋다 1 / 특별한 때만 산다 3 / 살 능력이 되면 언제든지 산다 5

지금까지 당신의 점수는 몇 점인가? 이를 헤아리며, 다음 질문에 답해 보자.

● 외모와 건강

1. 대체로 7시간 이상 자는가?

가끔 그렇다 1 / 가능한 한 그렇게 한다 3 / 그렇다 5

2. 당신의 외모에 만족하는가?

불만이 많다 1 / 웬만큼 만족한다 3 / 대만족이다 5

3. 새로운 사람을 자주 사귀는가?

거의 없다 1 / 가끔 3 / 자주 5

4. 남들에게 주목받는 것이 중요한가?

상관없다 1 / 좋지만 필요 없다 3 / 중요하다 5

5. 운동을 중요하게 생각한다면 그 이유는?

그날의 컨디션을 위해 1 / 건강 유지를 위해 3 / 운동이 재미있어서 5

6. 대안 치료법(선식이나 기치료 등등)에 관심이 있는가?

관심 없다 1 / 조금 있다 3 / 많이 있다 5

지금까지 당신의 점수는 몇 점인가? 이를 헤아리며, 다음 질문에 답해 보자.

● 결혼, 관계, 우정

1. 평생 단 한 번 선택할 수 있다면?

사랑하는 파트너 1명 1 / 넓은 인간관계 3 / 몇 명의 좋은 친구 5

2. 애완동물을 키우는가?

그럴 시간 또는 장소가 없다 1 / 아니다 3 / 키운다 5

3. 당신은 질투심이 있는가?

매우 많다 1 / 어느 정도 3 / 거의 없다 5

4. 파트너와 싸울 때 어떻게 행동하는가?

상처받는다 1 / 양보한다 3 / 격렬하게 싸운다 5

5. 혼자 산다면, 이 생활이 마음에 드는가?

전혀 아니다 1 / 장단점이 있다 3 / 좋다 5

지금까지 잘 답해 왔다. 이제 마지막 항목만을 남겨 두고 있으니, 중간 점수를 잘 기억하고 다음 질문에 답해 보자.

● **직업, 경력, 돈, 행복**

1. 직업이 지루한가?

자주 1 / 가끔씩 3 / 전혀 아니다 5

2. 야망이 있는가?

매우 많다 1 / 전혀 없다 3 / 어느 정도 5

3. 스트레스를 잘 해소하는가?

잘 못한다 1 / 어느 정도 3 / 매우 잘한다 5

4. 행복을 위해 사람에게 종교가 필요한가?

그렇다 1 / 아니다 3 / 사람에 따라 좋을 수 있다 5

5. 휴가의 비중은 어디에 두는가?

한 번 갔던 곳에 다시 간다 1 / 새로움에 대한 모험 3 / 완전한 기분 전환 5

● 테스트 결과

각 항목의 점수를 더한 총점으로 자신의 타입을 알아보자.

90점 이상: 행복을 스스로 찾아내는 타입

당신은 자신감 있게 자기 인생을 주도하고 있으며 모든 기회에 최선을 다하고 있는 사람이다. 당신의 높은 LQ는 당신이 행운에 의존하지 않고 적극적으로 노력하고 있다는 것을 보여 주며, 어떤 시련도 이겨 내며 건강하게 살아갈 수 있을 것이다.

89~70점: 행복해지기 위해 부단히 노력하는 타입

훌륭하다! 때때로 우울한 날이 당신에게 닥쳐도 최선을 다해 그것을 극복하기 위해 애쓴다. 괴로움이 있어도 자신의 힘을 믿고 행동하며, 그래도 어려울 때는 과거를 되돌아보며 교훈을 얻을 줄 아는 사람이다. 당신은 운명의 시련을 극복하고 행복한 날들을 향해 걸어가는 사람이다.

69~40점: 다소 수동적이고 순응하는 타입

나쁜 결과는 아니지만 LQ를 개선할 여지가 보인다. 행복의 기회에 대해 보다 열린 자세를 가지고, 자기 자신에게 애정과 관심을 가지기 바란다. 가장 낮은 점수를 택한 항목에 당신의 기회가 숨어 있다. 새로운 가능성을 향해 마음을 열기 바란다.

39점 이하: 앞으로 많은 노력을 해야 하는 타입

행복을 숨겨 두고 자신의 행복을 보지 못하는 경우이다. 행복하게 살지 않는 것이 목표라면 아무런 상관이 없지만, 행복을 꿈꾼다면 작은 것에서부터 행복을 찾아보기 바란다. 작은 행복을 알게 되고 그것을 실천한다면 지금이 상황이 훨씬 개선될 것이다.

자신의 행복지수를 알아보았다. 행복은 스스로 찾는 자의 것이 아닌가 하는 생각이 든다. 나는 스트레스를 받거나 기분이 처질 때 웃으면 행복해진다. 지금 이 글을 읽는 당신도 소리 내어 웃어 보는 건 어떨까? 웃음을 머금는 곳에, 행복도 머물 것이다.

건강한 웃음의 법칙

건강한 정신에 건강한 육체가 깃든다. 그리고 건강한 웃음에 건강한 하루가 깃든다. 그렇다면 어떠한 웃음이 건강을 부를까?

● 복식호흡으로 웃기

복식호흡이란 가슴이 아닌, 아랫배로 숨을 쉬는 것을 말한다. 웃을 때, 아랫배에 힘을 주고 복식호흡으로 웃으면 다이어트의 효과를 얻을 수 있다는 것은 익히 들어서 알 것이다. 실제로 복식호흡으로 하는 다이어트도 있는데, 이와 같은 원리이다.

● 소리 내어 웃기

우리의 뇌는 생각보다 단순해서 진짜 웃음과 가짜 웃음을 구분하지 못한다고 한다. 그러니 실제로 웃음이 나오는 순간이 아니더라도, 건강을 위해서 '하하하'라고 소리 내어 웃으면, 우리의 뇌는 거짓 웃음을 진짜 웃음으로 받아들여 엔도르핀을 만들어 낸다고 한다.

● **10초 이상 웃기**

10초 이상 웃을 때만이 진짜 웃음으로 뇌가 인식한다고 한다. 또한 건강한 웃음은 날숨으로 웃음으로써 체내에 쌓이는 독소를 해소할 수 있다고 한다.

✳ **개와 글자?**

"귀여운 내 강아지를 잃어버렸어요. 어쩌면 좋지요?"

"그럼, 신문에 광고를 내면 되잖아요?"

"그건 안 되죠. 그 개는 글을 읽을 줄 모르거든요."

✳ **염치가 없어서**

미국의 저명한 학자 마크 트웨인은 장서가 많은 데 비해 책장이 턱없이 부족했다. 이것을 본 친구가 물었다.

"이보게 친구, 왜 이렇게 책장이 부족한가?"

"책은 빌려 올 수 있지만, 책장까지야 어떻게…."

✳ **친구**

장 콕토가 중병을 앓고 일어났을 때 친구가 물었다.

"자네는 천당과 지옥에 대해 어떻게 생각하나?"

"그 얘긴 곤란해. 왜냐하면 천당에도, 지옥에도 내 친구들이 다 있으니까…."

✳ 이유는 단 하나

바닷가에서 수영을 하던 한 남자가 물에 빠졌다.

그가 허우적거리면서 소리쳤다.

"사람 살려! 사람 살려!"

그때 한 사람이 그를 구해 줄 생각은 하지 않고 물에 빠진 사람을 물끄러미 바라보고 있었다.

구조대원이 와서 그를 구한 다음, 그를 물끄러미 바라보고만 있던 사람에게 물었다.

"왜 사람이 살려 달라고 소리치는데도 가만히 있었소?"

그러자 그 사람이 몹시 언짢은 표정으로 말했다.

"아니, 이 자식이 반말을 하지 않소."

좋은 표정을 만드는 열두 가지 방법

좋은 인상을 만들려면 꾸준한 노력이 필요하고, 그러다 보면 자신의 몸에 맞는 방법이 체질화된다. 이것이 습관이 되다 보면 늘 웃는 얼굴, 좋은 표정이 된다.

1. 자신의 얼굴을 잘 관찰한다

먼저 거울 앞에 앉아서 자신의 얼굴을 가만히 들여다본다. 그런 다음 자신의 얼굴이 밝은가, 어두운가, 경직되어 있는가, 편안한가를 관찰한다.

2. 미친 사람처럼 온몸으로 5분 정도 웃는다

다음은 미친 사람처럼 온몸을 흔들며 소리 내어 웃는다. 뒹굴면서 혹은 마주 보며 웃어도 좋다. 처음에는 어색하겠지만, 웃음에 몰입하다 보면 그런 생각조차 사라진다. 얼굴이 웃다가 가슴이 웃고, 나중에는 발가락이 웃을 때까지 맘껏 웃는다. 이러면 온몸의 혈이 열리고, 에너지의 근원인 단전이 열리고, 발바닥의 용천까지 열리면서 기운이 샘솟게 된다. 이렇게 미친 듯이 5분 정도 웃는다.

3. 웃는 것과 찌푸리는 것을 반복한다

이번엔 거울 속의 자신을 향해 어깨에 힘을 빼고 편안하게 웃어 본다. 얼굴과 뇌의 긴장이 풀리는 것을 느낄 수 있을 것이다. 다음엔 반대로 얼굴을 잔뜩 찌푸려 본다. 인상을 쓰는 순간, 가슴이 막히고 뇌가 긴장됨을 느낄 수 있을 것이다. 이렇게 3분 정도 반복하면 아주 좋은 뇌 운동이 된다.

4. 미소를 생활화하라

미소를 생활화하기 위해서는 평상시에 몇 가지 노력이 필요하다. 상대방을 진심으로 좋아하려는 노력을 의식적으로 기울여야 한다. 그리고 사람과 사물에 대해서 의도적으로 긍정적인 면을 찾아보아야 한다. 만일 맘에 들지 않은 사람이더라도 반가운 미소를 보여야 한다. 그리고 그 미소가 이중적·위선적인 태도가 아니라 자신의 인성이 성숙하고 관대하기 때문이라고 생각해야 한다.

5. 2분 정도 활짝 웃는다

이젠 본격적으로 웃어 본다. 얼굴에 조용한 미소를 지으며, 웃을 때 몸에 일어나는 감각의 변화를 느껴 보자. 얼굴 근육이 부드럽게 펴지면서 마음이 편안해짐을 느낄 것이다. 좀 더 활짝 웃어보면, 기 감각이 예민한 사람은 뇌로 맑은 기운이 들어오는 것을 느끼게 된다.

계속 웃으면서 집중하면 뇌와 가슴이 하나로 연결되고, 마음 한구석에 자리 잡고 있던 부정적인 기운이 사라진다. 기쁨에 겨워 어쩔 줄 모르는 표정을 지으며, '나는 지금 너무나 행복하고 편안하다.'라고 자신에게 나직하게 속삭여 본다. 그렇게 2분 정도 지나면, 자신이 존재하고 있다는 사실만으로도 가슴이 벅차오르면서 즐거워질 것이다.

6. 성공적으로 제대로 잘 웃는 방법을 익혀라

양쪽 눈꼬리를 연결하는 선과 입 모양이 역삼각형을 이룰 때 가장 아름답다. 입꼬리를 최대한 귀밑까지 끌어올리며 웃어야 한다. 웃을 때 입술이 비뚤어지지 않도록 주의하고 반듯하게 대칭이 되도록 해야 한다. 때로는 큰 소리로 웃어 얼굴 근육을 크고 유연하게 만드는 것도 좋다.

7. 예쁜 눈매 만들기 운동을 하라

눈을 뜨고 눈동자를 좌우로 열을 세면서 둥글게 5~6회 굴린다. 맑고 선한 눈매를 만들 수 있을 것이다. 또 얼굴은 움직이지 말고 시선만 오른쪽 옆으로 옮겨 본다. 시선을 오른쪽으로 옮기기 전에 앞쪽 아래를 쳐다본다. 다시 시선만을 오른쪽 옆으로 옮겨 본다. 부드럽고 안정적인 눈매를 만들 수 있을 것이다.

8. 활기찬 표정을 위해 얼굴 근육을 올려 줄 것

얼굴 근육은 나이가 들수록 탄력을 잃고 아래로 처진다. 얼굴 턱과 양 귓가 사이에 양손을 받치고 양 눈썹 위쪽으로 얼굴을 밀어 올려 준다. 많이 수시로 웃으면 얼굴 근육이 자연스럽게 올라간다.

9. 휴머니스트 선언을 만들어 아침마다 반복한다

아침에 일어나면 거울을 보고 '휴머니스트 선언'을 만들어 큰 소리로 반복한다. '휴머니스트 선언'의 예는 다음과 같다.

"나는 나 자신과 주위 모든 사람들을 진정으로 사랑하며 친절을 베푸는 이 시대 진정한 휴머니스트이다."

10. 화가 날 때는 심호흡하고 입 풀기

화가 나거나 불만스러울 때는 심호흡을 하고 "아, 에, 이, 오, 우"를 크게 반복해 보자. 마음도 차분해지고, 구겨졌던 표정도 편안하게 풀리는 것을 느낄 수 있을 것이다.

11. 자신만의 멋진 표정 찾기

거울을 들여다보면서 자신이 만들 수 있는 표정을 다양하게 만들어 보고 멋있는 표정을 찾아내 보자. 인간의 얼굴에는 무려 80여 개의 근육이 있어 7천 가지 이상의 표정을 만들 수 있다. 상황별로 자신만의 독특하고 멋있는 분위기의 표정을 찾아내서 반복 훈련해 보면 좋을 것이다.

12. 자기 전 하루 반성의 시간을 가질 것

나와 다른 사람에게 얼마나 성의를 다했는가를 반성하고, 내일을 계획하며 온화한 표정으로 잠든다.

가장 중요한 것은, 거울을 볼 때마다, 사람을 만날 때마다, 그리고 혼자 있을 때에도 맘껏 웃는 것이다. 우리의 뇌가 그것을 원하고 있다. 이렇게 웃는 훈련을 계속하면 얼굴의 골격이 바뀌고, 생각이 달라지고, 훨씬 젊어질 것이다.

2부

상대방의
마음을 사로잡는
유머의 기술

웃음의 습관화, 유머의 생활화

파블로프는 개에게 종소리를 들려주며 음식을 주는 훈련을 시키다가 어느 날부터 종소리만 들려주었는데도 개가 침을 흘리는 것을 보고 조건반사 학설을 구축했다. 이는 사람에게도 동일하게 적용된다. 사람도 즐거워서 웃지만, 즐거운 일과 관계없이 웃다 보면 나중에는 그저 웃어서 즐거워질 수 있기 때문이다.

인간은 행복과 성공을 향해 가는 자전거와 같아서 목표를 향해 열심히 페달을 밟으면 앞으로 나가지만, 움직이지 않고 가만히 있으면 중심을 잃고 쓰러지게 된다. 긍정적인 사고는 자전거를 움직이게 하는 에너지와 같은 것이다.

자전거를 타다 보면 장애물에 걸려 넘어질 수도 있고, 진흙탕에 빠질 수도 있다. 한평생 살면서 아무런 탈 없이 살아가는 사람은 없다. 긍정적인 자세를 가진 맥가이버는 위기를 언제나 기회로 이용한다.

이 상황만 극복하면 좋은 기회가 찾아올 것이라는 긍정적인 사고를 하고, 적극적으로 대응하는 행동을 습관으로 길들일 수 있다면, 이미 절반의 성공 카드를 확보한 것과 다를 바 없다.

여기서 우리에게 필요한 것은 웃음의 생활화다. 재미있거나 좋아서 웃는 것은 누구나 한다. 그러나 그보다는 힘들고 괴롭고 슬프고 아파도 웃는 훈련이 필요한 것이다. 그래야 웃음의 습관이 정착되기 때문이다.

● 웃음으로 고통을 잊다

류마티스 관절염의 세계적인 권위자인 펜실베이니아 의대 교수인 밴프리트 박사는 공교롭게도 류마티스로 심한 고통을 받고 입원하게 되었는데, 어찌나 통증이 심한지 차라리 죽어 버리는 것이 좋겠다는 생각까지 했다.

그러던 어느 날, TV 코미디 프로를 폭소를 터뜨리며 끝까지 보는 사이에 자기도 모르게 통증이 전혀 느껴지지 않는 것은 깨닫게 되었다. 그 후부터 그는 웃음의 생활화를 주장하며 120세까지 건강하게 살았다고 한다.

● 진정한 유머의 의미

어디가 아파서 사는 데 고통을 수반하거나 불편하면 병원 치료를 받아야 한다. 사람들은 어디가 아프면 병원을 찾거나 약을 먹으면서, 왜 마음이 우울하거나 아프면 치료를 하려 하지 않을까?

참는 것만이 미덕이라고 배워 온 터라 참고 또 참고, 그러다 보니 오늘날 우울증도 많고 참는 것이 화가 되어 어느 날 신문의 사회면을 장식하는 사건 사고가 터지는 것이다. 스트레스, 불안, 무력감, 권태 등이 우리를 힘들게 한다.

스트레스를 날려 버리자. 불안에서 해방되자. 활기를 찾자. 그러기 위해서는 웃어야 한다. 무조건 웃는가? 그것은 쉽지가 않다. 재미있는 유머를 활용해서 웃어 보자. 유머는 한마디로 웃을 거리다. 즉, 웃기 위한 소재다. 진정한 유머는 내가 먼저 웃는 것이다. 내가 웃어야 남도 웃게 할 수 있다. 이것이 진정한 유머의 의미이다.

❋ 누구랑 한 거야?

민우가 병원에서 건강검진을 받았다. 검진 후 의사가 침울한 표정으로 말했다.

"안됐지만 당신 생명은 이제 하루밖에 안 남았습니다."

민우는 인생의 마지막 날을 아내와 사랑을 나누며 보내기로 결심했다. 민우는 집으로 들어오자마자 불 꺼진 방으로 들어갔다. 온 힘을 쏟아 사랑을 나눈 민우는 녹초가 돼 욕실로 들어갔다.

욕실로 들어선 민우는 얼굴에 팩을 하고 있는 아내를 발견하고는 깜짝 놀랐다.

"아니, 어~ 어~ 어떻게 당신이 여기에 있지?"

아내가 대답했다.

"쉿, 조용하세요. 친정엄마가 오셔서 주무시는데 깨시겠어요."

✳ 닭과 소의 불평

닭이 소에게 불평을 늘어놓았다.

"사람들은 참 나빠. 자기들은 계획 출산이니 뭐니 하면서, 왜 우리에겐 매일매일 알을 낳으라는 거야?"

그러자 소가 말했다.

"그건 아무것도 아냐! 인간들이 내 젖을 먹으면서 어느 인간 하나라도 나에게 엄마라고 하는 것 봤냐?"

✳ 환자에 대한 예우

어느 날 프랑스의 국왕 루이 15세가 유명한 외과의사의 병원에 친히 들렀다. 국왕이 의사에게 물었다.

"나를 이 병원에 있는 다른 환자들과는 다르게 대우하겠지?"

그러자 의사가 말했다.

"전하, 황송하옵니다."

"황송하다니. 무슨 말인고?"

깜짝 놀란 국왕에게 의사는 웃으며 답했다.

"저희 병원에서는 모든 환자를 왕처럼 대우하고 있답니다."

✳ 도대체 잘한 게 뭐야?

오늘도 어김없이 아내가 남편에게 잔소리를 늘어놓고 있었다.

"허구한 날 TV밖에 모르지! 당신이 잘하는 게 도대체 뭐가 있어?"

자칫 큰 싸움으로 번질 수 있는 상황, 남편은 조용히 입을 열었다.

"딱 하나 잘한 거 있지."

"도대체 그게 뭔데?"

"당신과… 결혼한 거!"

유머는 안으로는 따뜻함과 밖으로는 선함이 있다. 상대를 배려하고 위로하는 방법을 유머를 통해 표현했을 때 어색함을 줄인다.

겸손함과 당당함, 유머의 첫걸음

'맹구부목(盲龜浮木)'이란 말과 관련된 재밌는 이야기가 있다. 가도 가도 끝이 없는 망망대해에 한쪽 눈이 먼 거북 한 마리가 살고 있었다. 거북은 백만 년에 한 번 숨을 쉬러 잠깐 바다 표면에 떠올랐다가 다시 바닷속으로 가라앉는다.

바다 위로 올라와 숨을 쉬기 위해서는 도구가 필요한데, 다행히 망망대해 위에 한 조각의 나무판자가 있고 그 판자엔 조그마한 구멍이 뚫려 있었다. 거북은 그 나무 조각을 만나야만 숨을 쉴 수 있는 것이다.

이 거북이 백만 년 만에 수면 위로 올라오는 일도 힘든데 그 망망대해 이리저리 휩쓸려 떠도는 구멍 뚫린 나무 조각을 만나는 일은 얼마나 더 힘이 들까? 이 이야기는 우리가 이 세상에 태어나는 것이 백만 년 만에 바다 위로 올라와 나무 조각과 만나는 것과 같이 어려운 일이라는 것을 말해 준다.

우리네 인생이 그러하다. 어려운 인연의 끈을 쥐어 잡고 나온 만큼 귀하다. 그런데도 우리는 자신을 냉대한다. 영어에서 나를 'I'라고 표현한다. 약속이라도 한 듯 숫자 1과 비슷하다.

● 1(One) = I(나)

나는 이 세상에서 유일한 존재이다. 세상에 단 하나뿐인 선물이다. 언제나 나는 대문자 'I'로 표현되는 특별하고 주체적인 존재인 것이다. 『모리와 함께한 화요일』의 저자 모리 슈워츠 교수 역시 인생의 마지막 길에서 많은 이들에게 이러한 메시지를 남겼다.

"자신을 사랑하는 사람 자신을 동정할 줄 아는 사람. 자신에게 친절한 사람이 되십시오. 자신을 진실로 아는 자는 진실로 자신을 귀하게 여기며, 자신에 대한 귀한 존경심을 통하여 타인을 자기처럼 귀하게 여기는 방법을 배우게 됩니다. 즉, 자신을 사랑함에서부터 시작하여 타인을 사랑하게 됩니다."

바로 지금 이 순간, 자신을 사랑할 만한 이유를 찾아내야 한다. 고민할 필요가 무엇이 있는가? 이미 나는 맹구부목의 힘들고 고된 인연의 끝을 붙잡고 태어난 유일무이한 존재란 사실만으로도 소중하고 귀하다. 또한 세상 누구보다 자기 자신에 대해 가장 잘 알고 있으니 얼마나 위대한가.

● 나를 높이는 유머

스스로에 대해 부족하다 생각이 들 땐, 나를 높이는 유머를 계속 써 나가도록 하자.

세상에서 가장 멋있는 사람을 한 자로 줄이면?

→ '나'

세상에서 가장 훌륭한 사람을 두 자로 줄이면?

→ '또 나'

세상에서 가장 멋진 사람을 세 자로 줄이면?

→ '역시 나'

이번엔 네 자로 줄이면?

→ '그래도 나'

다섯 글자로 줄이면?

→ '다시 봐도 나'

자, 이번엔 글자 수를 늘려 아홉 자로 줄이면?

→ '요리 보고 조리 봐도 나'

아마 그토록 자신을 높이는 수식어가 많다는 사실에 놀라게 될 것이다. 언제 들어도 기분 좋아지고 나를 높이는 유머란 생각에 이 말을 자주 애용하곤 한다. 우리는 너무 자기 자신을 높이지 않는다. 자기를 높이는 것은 겸손의 반대가 아니다. 진정한 겸손은 자신에 대한 존중이 배어 나오는 법이다.

슈바이처 박사가 아프리카에서 돌아올 때 사람들의 예상을 깨고 기차의 3등 칸에서 내리면서도 "이 기차는 4등 칸이 없어서 3등 칸을 타고 왔습니다."라고 이야기한 것은 자신에 대한 존중감이 있었기에 겸손하면서도 당당할 수 있었을 것이다.

나로부터 시작하여 타인을 사랑해야 하는 법이다. 나를 힘차고 당당하게 만들려면 우선 자신을 사랑스럽게 바라볼 줄 아는 따뜻한 눈과 자존감이 절실히 필요하다.

유머도 매일 스윙 연습하라

미국의 유명한 저널리스트 잭 앤더슨은 과거에 클린턴 대통령과 한국의 김대중 대통령을 비교 분석한 칼럼에서, 이렇게 지적한 바 있다.

"미국 대통령의 얼굴에는 여유와 미소가 있는 반면, 한국의 대통령은 항상 굳어진 얼굴이며 웃음을 보기 힘들다. 웃음은 전염성이 강하기 때문에, 한 나라의 대통령이 짓는 웃음은 전 국민에게 확산되어 그 효과와 파장이 매우 크기 마련이다. 그러므로 대통령은 웃어야 한다."

웃겨야 성공할 수 있는 시대가 왔다. 오늘날은 자기표현의 시대다. 어느 자리에 갔을 때 점잔만 빼고 앉아 있다 보면, 남들이 나를 언제 어디서 만났던 사람인지조차 기억하지 못한다. 그렇게 되면 사회생활 점수는 낙제가 될 수밖에 없다.

하지만 적당히 자신을 표현하고 유머 감각을 활용하여 분위기를 이끈다면, 자신을 남에게 확실하게 인식시킬 수 있게 된다. 처음의 어색한 분위기를 유머를 통해 화기애애하게 만들

고, 대화를 이끌어 냄으로써 조직 내에 활력을 불어넣을 수 있
는 사람이라면 성공한 사회인이라고 말할 수 있다.

● 유머, 자주 사용해 보라

유머를 사용할 때는 자주 사용해 보는 방법밖에는 없다. 이승
엽은 홈런 타자가 되기 위해서 하루에도 수천 번씩 스윙연습을
했다. 이런 연습 끝에 타석에 들어섰을 때 홈런을 칠 수 있다.
가족들과 직장 동료들은 가장 좋은 유머 스윙의 대상이 된다.
자주 사용해 보라. 어느 순간 유머가 익숙해질 것이다.

● 상황을 새롭게 보는 유머의 힘

미국의 저명한 작가이자 전문연설가인 밥 로스는 유머를 위
기 상황에 대처하는 제3의 대안이라고 말했다. 첫 번째 대안인
맞서 싸우는 것과 두 번째 대안인 도망치는 것도 아닌 가장 현
명한 방법이라는 것이다.

실제로 유머는 위기를 긍정적으로 해석해 주는 하나의 거대
한 틀이다. 여러분도 알 만한 좋은 유머가 있다. 어느 해 겨울,
기업을 운영하던 젊은 사장이 회사가 부도가 나서 너무 큰 절망
감에 한강에 뛰어들어 자살하려고 했다. 하지만 막 난간에 다
리를 올리고 올라가던 찰나, 지나가던 사람이 그를 보고 이렇

게 말했다.

"이봐, 젊은이. 뛰어들려면 여름에 뛰어들게. 지금 뛰어들면 얼어 죽어."

그 말을 듣고 젊은 사장은 피식 웃어 버리고 죽을 마음을 내려놓았다고 한다.

이렇게 유머는 상황을 새롭게 볼 수 있도록 도와준다. 이러한 의미에서 미국유머협회 회장인 앨런 클라인은 유머는 태도를 바꿔 주는 기술이라고 언급한다. 이렇게 유머가 태도를 바꿔 줄 수 있는 이유는 바로 유머가 웃음을 만들어 내기 때문이다.

● 부담감에서 해방되자

유머는 사랑을 전하는 마음이다. 그래서 정답이 있는 것도 아니며 부족하고 틀려도 상관없다. 누구에게나 폭소를 줄 수 있다면 좋겠지만, 솔직히 말해서 개그맨들도 쉽지 않은 작업이다. 그냥 편안히 미소라도 짓게 한다는 마음으로, 부담감에서 해방되자. 어차피 마음이 열려 있는 사람, 웃을 준비가 되어 있는 사람만 웃게 되어 있으니까.

✳ 경력

어느 날 김 병장이 대원을 소집시켰다.

김병장 : 야! 여기 피아노 전공한 사람 있어?

박이등병 : 네, 접니다.

김병장 : 오호~ 그래? 여기 피아노 좀 저기로 옮겨라.

그다음 날.

김병장 : 여기 미술 전공한 사람 있어?

강이등병 : 네, 제가 미술 전공입니다.

김병장 : 오호~ 그래? 족구 좀 하게 선 좀 그어라.

그날 저녁.

김병장 : 여기 검도한 사람 누구야?

최이등병 : 제가 사회에 있을 때 검도 좀 했습니다.

김병장 : 몇 단인데?

최이등병 : 2단입니다.

김병장 : 2단도 단이냐? 다른 애 없어?

장이등병 : 네, 제가 검도 좀 오래 배웠습니다.

김병장 : 몇 단인데?

이일등병 : 5단입니다.

김병장 : 그래? 이리 와서 파 좀 썰어라!

✳ 스스로의 위로

아내 : 여어∼봉∼ 당신은 왜 내 사진을 항상 지갑 속에 넣고 다녀?

남편 : 응, 아무리 골치 아픈 일이라도 당신 얼굴을 보면 씻은 듯이 잊게 되거든.

아내 : 당신에게 내가 그렇게 사랑스럽고 중요한 존재인가 보지?

남편 : 그럼! 당신 사진을 볼 때마다 나 자신에게 이렇게 얘기하거든. "이것보다 더 큰 문제가 어디 있을까?"

✳ 쉬는 날

어머니가 내려다보니, 여덟 살짜리 큰딸이 여섯 살짜리 동생을 자기들이 하는 놀이에 끼워주지 않고 있었다.

"얘, 너는 어째서 동생을 데리고 놀지 않니?"

"너무 어려서 판을 깨니까 그렇죠."

"제발 참을성 있게 잘 데리고 놀아라."

얼마 후에 어머니가 다시 내려다보니 작은딸이 여전히 언니들의 놀이에 끼지 못하고 한쪽 구석에 앉아 있었다.

어머니가 작은딸에게 물었다.

"널 놀이에 끼워 주지 않던?"

"아냐 엄마, 난 가사도우미인데 오늘은 쉬는 날이야."

✳ 나도 소중해

만난 지 1년쯤 되는 두 연인이 대화를 나누고 있었다. 여자가 남자에게 말했다.

"자기야, 난 자기 없으면 단 하루도 못살 것 같은데 자기는?"

그러자 남자가 대답했다.

"응, 나도 나 없이는 하루도 못살아!"

✳ 해부학 시험

의대생이 해부학 시험 때문에 몰래 해부 연습을 하고 있었다. 그런데 갑자기 시체가 벌떡 일어나 자기 팔을 떼어 내 주면서 "학생 이걸로 공부해!"라고 말했다.

학생은 얼떨결에 받아들고 너무 몰라 도망을 쳤다. 그러자 시체는 금방 학생을 따라잡으며 자기 다리를 떼어 건네주면서 "학생 이걸로 공부해!"라고 말했다.

너무 놀란 학생은 다리를 받아 들고 계속 도망을 쳤다. 이번에도 학생을 따라잡은 시체는 자기 머리를 떼어 주며 "학생 이걸로 공부해!"라고 했다.

그러자 겁에 질린 의대생은 덜덜 떨며 말했다.

"거긴 시험 범위가 아닌데요…."

✳ 투자해서 늘어난 것은 오직

신문을 보던 남편이 투덜거렸다.

"이놈의 주식 또 떨어졌잖아! 괜히 투자를 해 가지고…."

그러자 옆에 있던 부인도 투덜거렸다.

"나도 속상해요. 다이어트를 했지만 아무 효과가 없으니…."

그러자 신문을 덮은 남편이 아내의 몸을 쳐다보며 힘없는 목소리로
말했다.

"내가 투자한 것 중에서 두 배로 불어난 건 당신밖에 없어."

✳ 편지

"귀찮게 하지 마. 아들한테 편지 쓰는 중이야."

"그런데 왜 그렇게 천천히 쓰지?"

"그 애는 빨리 읽지 못하거든."

인간관계를 좋게 하는 대화의 비결

✦
✦

우리는 한 인간으로 생존하기 위해서, 정체감을 확립하기 위하여, 그리고 건전한 성격을 발달시키기 위하여 상호작용을 할 수 있는 다른 사람들과의 관계를 필요로 한다. 다시 말해, 우리는 타인들과의 만족스럽고 효과적인 인간관계의 경험을 통해서 보다 풍부하고 보다 완성된 인간으로 발달할 수 있는 것이다. 우리는 일상생활에서 무수한 타인들과의 관계를 맺고 있으며, 이러한 관계를 통해서 인간다운 인간으로 성장하게 된다.

출생 후 단 한 번도 다른 인간존재와 관계를 맺지 못한 채 같은 산중에서 이리 떼들 틈에 끼어 자라났던 인도의 이리 아동들이 처음 발견되었을 때, 그들은 인간이었기보다는 한낱 동물에 불과했다. 이처럼 다른 사람들과의 관계는 우리로 하여금 자아의식을 가진 인간으로 성장하게 하는 동시에, 어떤 유형의 사람으로 발달할 수 있느냐에 대해서도 크게 영향을 미친다.

훌륭한 대화는 눈과 귀의 접촉을 통해 우리 자신을 정확하게 인식시키는 기술이다. '상대방을 똑바로 쳐다보면서 주의 깊게 귀를 기울이는 것, 이것은 효과적인 대화를 위한 기본 조건이다. 이 밖에도 원만한 대화를 나누고 사람들에게 좋은 느낌을 주기 위해 알아 두어야 할 점으로는 무엇이 있을까?

● 자신을 확실하게 기억하도록 소개하기

마주 보고 말하든 전화로 얘기하든, 먼저 자신의 이름부터 밝히는 것이 상대방에 대한 예의인데 이왕이면 다른 사람들보다 나를 잘 기억할 수 있도록 소개하는 것이 중요하다.

"만나서 반갑습니다. 저는 신뢰를 생명처럼 귀하게 여기는 김믿음입니다."

"안녕하세요? 언제나 밝게 웃는 회사의 마스코트 박미소입니다."

처음 이야기를 시작할 때 '어? 이 사람 재미있네? 뭐 하는 사람일까?' 호감을 갖게 하거나 이 사람이 무엇을 하는 사람인지 궁금증을 갖게 하는 것도 중요하지만, 그것은 생각처럼 쉬운 일이 아니기에 우선 밝고 좋은 이미지를 주기 위해 자신의 특징을 앞에 붙여서 밝히는 것도 상대방에게 자신을 알리는 좋은 방법 중 하나임을 명심하자.

● 상대방의 특징과 이름을 기억한다

이것은 당신이 사회생활을 할 때 기억해야 할 가장 중요한 예의다. 누군가가 자신을 소개하면, 주의 기울여 듣고 그의 이름을 불러 주면서 인사를 나눈다.

"김준호 씨, 만나서 반갑습니다."

또한 이미 만난 적이 있던 사람을 다시 만나게 되었을 경우, 상대방을 기억하고 있다는 느낌을 주면서 인사를 하면 서로의 간격을 좁힐 수 있다.

"아! 그때 삼행시로 멋지게 소개하셨던 아무개 씨, 반갑습니다."

상대는 자신을 기억하는 당신에게 더 반가움을 나타낼 것이다.

● 상대방의 눈을 마주 본다

말을 하거나 누군가의 얘기를 들을 때는 상대방의 눈을 마주본다. 그것은 말을 하는 사람에 대한 예의이고 관심이다. 눈을 마주치고 말을 하면 말하는 내용에 확신이 생기고, 눈을 마주치고 말을 들으면 말하는 사람의 말에 가치를 부여하고 있음을 나타내 주기 때문이다.

● 상대방의 관심사 이야기하기

상대가 나와 얘기하는 것을 즐겁게 생각한다는 태도로 대화를 지루하지 않게 이끌어 간다. 그러기 위해서는 말을 적게 하고, 상대방이 관심을 기울이는 것에 대해 질문하는 것이 좋다. 대화를 할 때는 밝은 표정과 적극적인 자세를 가지되, 주로 듣는 것을 많이 해야 한다.

● 불평이나 비난의 말 하지 않기

부정적인 말을 듣고 기분 좋아하는 사람도 없지만, 나에 대한 인상을 부정적으로 갖게 될 수도 있으니 조심하라.

● 집중해서 듣자

상대방이 말을 하는데 핸드폰을 수시로 체크한다든지, 다른 곳에 시선이 가 있게 되면 말하는 사람이 불쾌하게 생각할 수도 있다. 상대방에게 믿음을 주자. 상대방은 그런 당신과 얘기하면서 편안한 기분을 느낄 것이다.

● 상대방의 고민과 문제점에 관심 기울이기

상대방으로 하여금 자신이 중요한 사람이라는 느낌을 갖도록 하자. 이것은 모든 관심을 상대방에게 기울이기만 하면 되는 일이다. 지금 이 순간에는 상대방의 일과 고민, 문제점이 가장 중요한 일인 것처럼 행동하자. 예전부터 알고 있었던 상대방의 사정에도 관심을 보이자. 그렇게 한다면 당신은 기억력 좋고, 따스하고, 믿음직스런 대화 상대로 존경받게 될 것이다.

● 상대방의 말을 충분히 이해했다는 확신을 주자

상대방이 한 말을 당신 자신의 언어로 반복하면서 확실히 이해하자. 그리고 확실히 이해했는지의 여부를 상대방에게 확인하자. 그러면 상대방은 이해받은 사실을 고마워할 것이고, 이해하려는 당신의 노력에 감동할 것이다.

● 약속은 꼭 지키자

지각은 '이 일은 나한테 중요하지 않다.'는 말을 행동으로 보이는 것이다. 피치 못할 사정으로 늦게 될 경우에는 미리 연락하자. 늦는 이유를 솔직히 설명하고 언제쯤 도착할지를 정확히 밝히자. 늦게 도착해서 놀라게 하기보다는 미리 전화하는 당신의 사려 깊은 배려에 사람들은 호감을 느낄 것이다.

● 다른 사람의 입장을 먼저 생각하자

사람들이 무엇을 원하는지 그리고 당신과 무엇이 다른지를 바로 알고, 상대방의 입장에서 받아들이려고 애써 보자. 그러기 위해서는 우선적으로 다른 사람의 입장에서 바라보고, 다른 사람의 입장에서 생각해야 한다.

훌륭한 대화를 하는 비결은 다른 사람을 당신 곁으로 가까이 다가오게 하는 것이며, 이렇게 하는 가장 효과적인 방법은 상대방에게 자신의 가치를 느끼게 해 주는 것이다. 가치 있는 존재라는 느낌과 중요한 존재라는 느낌은 인간이라면 누구나 갖고 싶어 한다. '가치 있고 중요한' 존재가 바로 우리 인간의 본질이기 때문이다.

열린 마음으로 서로 신뢰하면서 힘을 합치는 것보다 더 즐거운 유대 관계는 없다. 그것은 자신의 마음을 열고 힘을 합쳐서 서로에게 도움이 되도록 노력할 때 가능해진다. 당신의 열정과 자신감 그리고 힘을 다른 사람에게 보여 주면, 머지않아 당신과 즐거움을 함께 나누고 싶어 하는 사람들에게 둘러싸인 자신을 발견하게 될 것이다.

✳ 새빨간 거짓말

친구 : 이건 너한테만 말하는 건데….

여자들 : 어머, 너 어쩜 이렇게 예뻐졌니?

비행기 조종사 : 승객 여러분, 아주 사소한 문제가 발생했습니다.

학원 광고: 전원 취업 보장! 전국 최고의 합격률!

아파트 신규 분양 : 지하철역에서 걸어서 5분 거리!

수석 합격자 : 그저 학교 수업만 충실히 했어요.

자리를 양보받은 할머니 : 에구, 괜찮은데….

술 취한 사람 : 나 하나도 안 취했어!

간호사 : 이 주사 하나도 안 아파요~~

✳ 재치 있는 대답

옛날에 한 광대가 있었는데, 어느 날 큰 실수를 저질러 왕의 노여움을 사게 되어 사형에 처해지는 상황에 이르렀다. 왕은 그동안 광대가 자신을 위해 애써왔던 것을 고려하여 마지막으로 아량을 베풀기로 작정하고는 광대에게 물었다.

"너는 큰 잘못을 저질렀다. 그렇지만 내가 그동안의 네 맘을 생각하여 너에게 선택권을 주려는데. 어떤 방법으로 죽기를 택하겠느냐?"

그러자 광대가 대답했다.

"폐하! 소인은 늙어서 제명대로 죽는 방법을 택하고자 합니다."

✳ 비결

돈이 많은 70대 노인이 새장가를 들게 되었다.

그 노인을 너무나 부러워한 친구가 물었다.

"여보게 친구, 어떻게 20대 여자와 새장가를 들게 되었나?"

"그거야 간단하다네. 내 나이를 90세라고 속였지!"

✳ 아마추어 사진작가

아마추어 사진작가가 점심 식사 초대를 받아 가게 되었다. 맛있게 밥을 먹으며 분위기도 살릴 겸 자신이 찍은 사진을 보여주니 주인 왈,

"어머! 카메라 참 좋은 모양이에요. 사진이 아주 잘 나왔네요!"

이에 사진작가는 밥을 먹으며 이렇게 말했다.

"냄비가 아주 좋은 모양이에요. 밥이 아주 맛있어요!"

✳ 이에는 이

말귀를 못 알아듣게 설명을 하고는 늘 부하 직원에게 "넌 왜 이리도 말귀를 못 알아들어?" 하고 면박을 주는 상사가 있었다. 어느 날 이 직원은 여느 때와 같이 상사 앞에 서게 되었는데 영락없이 "넌 왜 말귀를 못 알아들어?" 하고 야단치니 시치미를 뚝 떼고 "네? 뭐라고요?"(더 열불이 낫겠지?)

성공의 법칙, 분노 다스리기

인간의 잠재력과 개인의 효율성을 개발하는 미국 최고 수준의 권위자 중의 하나인 브라이언 트레이시는 『절대 변하지 않는 8가지 성공 원칙』이라는 책에서 정작 성공한 사람은 3%밖에 안 된다고 말하고 있다. 그러면서 그는 성공한 사람들은 성공할 수밖에 없는 법칙이 있다며 '검증된 성공의 법칙들'을 소개한다.

그는 성공하는 사람은 성공할 수밖에 없는 원인이 있는데, 그 원인 중에서 '생각'이라는 것은 가장 중요한 창조적인 힘이라고 말한다. 생각하는 방향에 따라 자신의 세계가 구축되고, 생각을 바꾸면 몇 초 안에 생활이 바뀐다는 것이다.

심리학자들에 의하면 사람은 16세까지 자신에 관해 17만 3천 개의 부정적인 메시지를 받는다고 한다. 이에 반해 긍정적인 메시지는 1만 6천 개에 지나지 않는다고 하는데, 하루 평균 29.6개의 부정적인 메시지에 겨우 2.7개의 긍정적인 메시지를 받는 셈이다.

그런데 불쑥불쑥 화를 내는 사람들이 있다. 이런 사람들을 두고 '공격형 분노 표출' 유형이라고 부른다. 그런가 하면, 꽁하고 혼자서 오래오래 속에 담아 두고 부글거리는 사람들은 '수동형 분노 표출' 유형이라고 한다. 또 화를 아주 잘 다루는 사람들은 흔히 '자기표현형 분노 표출' 유형이라 한다.

이 분노를 잘 다스려야 긍정적인 생각을 할 수 있고, 그러한 긍정적인 생각이 성공으로 가는 길을 부른다. 그렇다면 분노를 잘 다루는 방법에는 어떤 것이 있을까?

● '왜'보다는 '어떻게'라는 단어 사용하기

공격형의 경우, 원치 않는 일에 부닥치면 '왜'라는 단어를 사용하곤 한다.

"왜 그랬어?"

"왜 일이 이렇게 된 거야?"

"왜 저 사람은 나를 이런 식으로 대하지?"

하지만 '왜'라는 단어는 원망의 표현이요, 책임을 추궁하는 말로서 자신이나 타인의 화를 돋우고 일을 더 꼬이게 만들 뿐이다. '왜'라는 단어보다는 '어떻게'라는 단어를 사용하는 것이 화난 감정을 가라앉히고 또한 문제를 해결하는 데 훨씬 더 도움이 된다.

아이가 열쇠를 빠뜨렸을 때, 당신은 무엇이라고 말하는가?

"왜 그랬어?"

"어떻게 하면 꺼낼 수 있을까?"

전자보다는 후자의 말이 문제 해결에 더 도움이 된다. '왜'라는 단어가 원망과 분노를 키우는 단어라면, '어떻게'라는 단어는 원망과 분노를 잠재우고 행동하게 하는 단어이다. '왜'라는 단어가 더 큰 낙심, 더 큰 분노 등 문제를 더 키우는 문제 지향적인 단어라면, '어떻게'라는 단어는 문제를 해결하게 하는 해결 지향적인 단어이다.

● 당위적 사고 및 완벽주의 사고에 빠지지 마라

'~해야 한다', '~하지 않으면 안 된다'는 당위적 사고가 얼마나 나 자신과 다른 사람을 힘들게 하는지 알 것이다. 그러기에 당위적 사고를 '~했으면 좋겠다'는 소망적 사고로, '~반드시 그렇지 않을 수도 있다'는 유연한 사고로 바꾸어 나가도록 해야 한다.

● 타임아웃 선언하고 심호흡하기

공격형의 사람들이 분노를 관리할 수 있는 방법 중 하나는 화가 나려고 할 때 자신에게 '타임아웃'이라고 말하는 것이다. 타임아웃이 선언되면 운동선수가 하던 경기를 멈추듯 화내는 것을 무조건 멈추는 것이다.

멈춘 후의 방법은 두 가지이다. 한 가지는 그 자리를 잠시 피하는 것이고, 또 한 가지는 그 자리에 그냥 있는 것이다. 화를 멈추는 훈련이 어느 정도 된 사람은 그냥 있어도 되지만, 전혀 훈련이 되지 않은 사람은 훈련이 될 때까지 자리를 잠시 피하는 방법을 택하는 것이 좋다.

공격형들이 화를 참지 못하는 것은 그동안 화를 참아 보지 않았기 때문이다. 하지만 화가 날 때 타임아웃을 선언하고 심호흡 등을 통해 화를 진정하면 내성이 생기게 된다.

● 기준을 정하지 말라

알고 보면 우리는 매일 위반 딱지를 발급하면 살고 있다.

'당신은 내가 원하는 머리 모양과 분홍색 투피스를 입지 않았으니 딱지 하나.'

'넌 내가 바라는 대로 1등을 못 했으니까 딱지 셋.'

'당신은 내 방식대로 청소하지 않았으므로 딱지 둘.'

'넌 내가 바라는 대로 일을 다 처리하지 못했으니까 게으르고 책임감이 부족한 사람이야. 그래서 딱지 셋.'

스스로의 기준으로 자신 혹은 다른 사람을 판단하는 것은 이미 좌절과 낙심, 그리고 분노를 예약해 놓은 것이나 다름없다. 생각해 보라. 내가 정해 놓은 기준을 정확하게 그래도 지켜 줄 사람이 어디 있겠는가?

　사람은 분노의 감정을 반복하게 되면 패배주의에 사로잡히게
되어 있다. 마음을 부정보다는 긍정으로, 비관보다는 낙관으
로, 소극보다는 적극으로 바꾸어야 한다. 아인슈타인은 상상력
이 사실보다 더 중요하다고 말했다. 생각이 참으로 중요하다고
할 수 있다.

✳ 변변치 못한 칭찬

　어느 마을에 겸손하기로 소문난 남자가 있었다. 그는 말할 때마다
'변변치 못하다.'는 말을 입에 달고 살았다.

　어느 날 손님을 초대했는데, 술이 얼큰히 들어간 손님이 흥에 겨워
한마디 했다.

　"오늘 밤 달도 밝고, 멋진 밤입니다."

　그러자 겸손한 남자가 말했다.

　"원 별말씀을…. 변변치 못한 우리 집 달을 칭찬해 주시니 몸 둘 바
를 모르겠습니다."

웃음을 유발하는 칭찬의 기술

/

/

세계적인 경영 컨설턴트 톰 피터스는 "나는 그동안 많은 사람들에게 분수에 넘치는 대접과 인정을 받았지만, 지금도 인정받는 것이 매우 유쾌할 뿐 아니라 신물이 난다거나 넌더리가 나는 일은 전혀 없다."고 말했다.

그만큼 칭찬을 싫어하는 사람은 없다. 눈에 보이는 좋은 점을 진심 어린 마음으로 칭찬해 주는 것이 가장 쉬운 칭찬의 방법이다. 단, 칭찬과 아부는 구별해야 한다. 그렇다면 칭찬은 어떻게 하는 게 효과적일까?

● 내면의 가치를 칭찬한다

객관적 묘사만으로는 부정적인 느낌을 줄 수도 있다. 사실 묘사가 아니라 성품, 마음, 자원, 능력 등의 가치로 표현한다.

● 긍정적 영향을 알려 준다

상대방의 행동이 나와 주변에 미친 긍정적 영향과 결과를 알려 준다. '네가 나를 ~하게 했어.'의 문장으로 표현해야 하는데, "엄마는 민호 덕에 편히 쉬었어."가 아닌 "민호야, 네가 엄마를 맘 편히 쉴 수 있게 했어."로 칭찬하는 게 더 효과적이다.

● 질문으로 칭찬을 다진다
"어쩜 그렇게 배려심이 깊을 수 있니?"
"언제부터 그렇게 배려심이 깊었니?"
"어떻게 그런 배려심을 갖게 되었니?"

● 구체적으로 한다
모호하고 추상적인 칭찬에 비해 구체적이고 분명한 칭찬이 상대의 마음을 움직인다. "자네는 괜찮은 사람이야."보다는 "자네의 기안문은 간결하고 설득력이 있어."라고 했을 때 더 효과적이다. 또한 칭찬에 대한 신뢰성을 줄 수 있다.

● 간결하게 한다
말이 길어지면 처리해야 할 정보가 많아진다. 진지하고 간결하게 칭찬하는 것이 더 깊은 인상을 주며 기억에도 오래 남는다.

● 제삼자에게 칭찬을 한다

사람들은 누구나 자기를 자랑하고 싶어 한다. 단지 쑥스럽고 어색해서, 그리고 속보일까 봐 자제할 뿐이다. 남 앞에서 칭찬을 하거나 제삼자에게 간접적으로 칭찬을 전달하는 것은 칭찬받는 기쁨과 자랑하고 싶은 욕심 두 가지를 모두 충족시킬 수 있다.

● 사소한 것을 칭찬한다

칭찬에 인색하게 되는 것은 사소한 장점을 무시하기 때문이다. 남들이 보지 못하는 사소한 장점들을 찾아 칭찬을 해 주었을 때 의외로 효과가 있다.

● 당사자 주변 인물을 칭찬한다

집에서 미워하는 가족도 남이 욕하면 듣기 싫다. 자존심은 자신의 능력이나 외모뿐 아니라 자기가 속한 집단이 가치 있다고 여겨질 때도 고양된다. 듣는 사람은 분명 자신이 칭찬받지 않았음에도 흐뭇한 기분이 든다.

유머 감각을 기르는 필수 조건

"가짜 휘발유에 가장 많이 들어가는 재료는?"

"진짜 휘발유."

모두들 자신들의 생각과 다른 답이 나오니 어이없기도 하고 우습기도 하신 듯 웃으시는데, "전소영 회장님, 이게 왜 진짜 휘발유입니까? 아무리 그래도 진짜 휘발유가 많겠습니까?" 하고 따지는 사람들이 간혹 있다. 웃을 준비가 안 되어 있거나 매사에 의심이 많은 사람, 또는 '내가 누군데?'라고 무게 잡는 사람은 어떠한 유머를 해도 잘 웃지 않는다.

웃음을 강요할 순 없지만 스트레스가 만병의 근원이고 매사에 따지고 작은 일에도 집착하고 밤새 고민하는 사람이 암 발병률이 더 많다는 점을 생각하면, 이젠 내려놓을 것은 내려놓고 여유를 가지고 살 필요가 있지 않을까 싶다.

● 순발력을 위한 연습
한 유치원에서 아이들이 서로 가족 자랑을 하고 있었다.

민호가 말했다.

"우리 형은 물 속에서 30초나 있을 수 있어."

경식이도 말했다.

"우리 엄마는 100초나 있을 수 있다."

기영이가 자신 있게 말했다.

"야! 뭘 그리 대수냐? 우리 삼촌은 작년에 물에 들어가서 아직도 안 나왔다."

아이다운 발상이다. 유머는 남들도 똑같이 생각하는 답을 하면 별로 웃기지 않는다. 예측을 깨는 대답이 나왔을 때 사람들은 웃음을 터뜨린다.

유머 감각을 기르는 데는 순발력이 필수적인 조건이다. 만약 자신이 순발력이 부족하다고 생각되면, 기존에 나와 있는 유머를 보고 다음에 나올 내용을 나름대로 재미있게 표현하는 연습을 해 보자. 이런 연습이 쌓이게 될 때, 어느 순간 나의 순발력은 놀랄 만큼 발전되어 있을 것이다.

● 틀을 깨는 것이 유머다

또 하나의 예를 들어 보자.

아내가 주방에서 계란프라이를 하고 있었다. 그런데 남편이 아내 뒤로 슬쩍 다가오더니 소리를 치기 시작했다.

"소금을 뿌려, 소금을!"

"아니, 그거 말고! 소금 말이야, 소금! 답답하네! 소금을 넣으라고!"

"거기서 왜 뒤집어! 좀 더 기다려야지!"

"도대체 정신을 어디에 팔고 있는 거야? 다 타잖아!"

"불이 너무 세! 줄여! 불을 줄이라고!"

"뜬금없이 설탕엔 손이 왜 가!"

"아니, 계란프라이를 다 찢어 놨네, 찢어 놨어. 대체 요리를 어떻게 하는 거야?"

참다못한 아내가 남편에게 말했다.

"나도 계란프라이 정도는 할 수 있다고요! 당신 도대체 왜 그래요?"

그러자 남편이 씩 웃으며 말했다.

"내가 운전할 때 어떤 기분인지 당신한테 알려 주고 싶어서."

이렇듯 유머는 답이 정해져 있는 것이 아니므로 두려워할 일이 전혀 없다. 틀을 깨는 것이 유머니까.

유머 트레이닝 기법 5단계

말을 잘하는 법이나 유머를 잘하는 방법이나 크게 다르지 않다. 또한 공부를 잘하는 방법과도 같다. 무엇보다 '반복'이다. 자주 해 보는 것이다. 그렇다면 어떠한 기술로 반복하는 것이 좋을까? 유머 트레이닝 기법은 크게 다섯 가지로 나눌 수 있다.

1. 유머를 분석하여 충분히 이해하기

누구에게 들었을 때는 재미있고 실컷 웃었는데 막상 하려면 어색하다. 들어서 웃는 것과 유머를 말하는 것은 다르다. 유머를 말할 때는 그 유머의 상황, 등장인물, 성격, 말투 등을 고려하고 분석해야 한다.

2. 눈앞에 그림을 그리듯이 전달하기

상대에게 그림을 설명하듯이 눈앞에 보이도록 말해야 하는데, 조금의 연기나 적당한 목소리 톤도 중요하다.

3. 호흡의 조절

소설이나 영화에는 발단, 전개, 절정, 결말이 있듯이 그 방식과 똑같이 유머를 말할 때도 클라이맥스 부분에서는 적당한 긴장을 주고 터뜨려야 한다. 일단 잘하고 싶은 유머 하나를 선택해서 10번 이상 해 보라. 실패해도, 상대가 웃지 않아도 상처받지 말라. 점점 나아지고 있는 것을 생각해 보라.

4. 장점을 살려라

유머를 할 때 나만의 장점을 살려 보자. 행동이 재미있으면 행동을 활용하고 목소리, 표정을 활용하는 것도 나만의 방법이다.

5. 반복하라

반복할수록 유머는 자연스럽게 사용할 수 있게 된다. 내용을 완전히 숙지하고 여러 가지 응용을 해 본다. '안 되면 어쩌지?' 하는 두려움은 갖지 말라. 반복하고 반복하라 자연스러워질 것이다.

성공적인 유머를 구사하려면

성공적인 유머를 구사하려면, 어떠한 노력과 시도가 필요할까? 우선 유머 이전에 내 마음이 우선 열려 있어야 한다. 그리고 유머는 끊임없는 노력과 많은 독서를 필요로 한다. 여기에서는 성공적인 유머를 구사하기 위한 다섯 가지 방법을 소개해보고자 한다.

1. 분위기를 당장 잡을 자신이 없다면 넌센스에 도전하라

- 세상 가장 높은 곳에서 애를 낳는 동물은? "하이에나"

- 벌레 중에서 가장 아름다운 벌레는? "헤벌레"

- 참새가 먹는 간식은? "새참"

- 빵이 목장에 놀러 갔다. 왜일까? "소보로"

- 저절로 가는 사람은? "중"

- 차마 눈뜨고는 볼 수 없는 여자는? "꿈속의 여자"

2. 한 줄 재치 멘트를 내 것으로 만들어 보자

‒ 피부가 참 좋으세요. 방부제를 드시나 봐요?

‒ 저는 소심해서 여탕에는 한번도 안 가 봤습니다.

‒ 저는 내성적이어서 결혼을 한 번밖에 못해 봤습니다.

‒ 저는 산을 좋아합니다. 관악산, 유명산. 그리고 요즘에는 '부동산' 이 제일 좋습니다.

3. 자신을 긍정적으로 받아들이고 당당하게 하기

김제동의 유머가 괜찮은 평을 받는 이유는 바로 자신의 단점을 이겨 내고 당당하게 하는 유머 때문이다. 이런 유머는 평생 듣는 사람의 마음속에 단점이라고 생각하기보다는 그 사람의 장점과 당당함으로 오히려 멋지게 생각하게 만든다. 아픔과 단점을 가지고 노는 유머는 진정한 고품격 유머다. 김제동이 했던 유머 몇 가지를 소개해 보겠다.

‒ 저는 눈이 작아서 좋습니다. 그래서 지금까지 한 번도 아폴로 눈 병에 안 걸려 봤어요.

‒ 저는 눈이 작아서 사람을 볼 때 눈으로 보는 것이 아니라, 마음으로 봅니다.

‒ 저도 저의 이마의 주름이 고민인데, 이렇게 말합니다. "세상을 앞

서가려고 열심히 살았더니, 엉뚱하게도 이마의 주름이 앞서갔습니다. 아마도 하나님께서 세상을 주름잡고 살라고 주름을 주신 것 같습니다."라고요.

– 제가 올해 21살입니다. 하하하…. 20살은 무거워서 집에 두고 다닙니다.

4. 유머를 했을 때 상대방이 안 웃으면?

– 이거 안 웃기죠? 저도 이것 처음 보았을 때 안 웃기더라고요.

– 혹시 웃는 분들도 있나 해 봤어요. 그런 분이야말로 정말 마음이 열린 분이죠.

5. 시리즈 유머를 학습자들과 같이 주고받기 해 본다

– 하는 일마다 끼어들어서 방해하는 개는? "참견"

– 말 잘 듣고 주인에게 충성하는 개는? "대견"

– 여름철 시원하게 만들어 주는 개는? "인견"

– 이쁜 개는? "무지개"

– 무지하게 빠른 개는? "번개"

– 어처구니없게 만드는 개는? "황당무개(계)"

– 과거를 지우고 싶다? "지우개"

재미있는 삼행시 유머

자기소개를 하는 방법이 다양하게 있지만 가장 손쉬운 방법은 삼행시다. 삼행시를 연습하다 보면 나도 모르게 어휘력이 향상된다. 말이 되어서 웃고, 안 되어도 웃고···. 그렇게 웃다 보면 그 자리의 사람들이 행복을 담게 된다.

✳ 전소영

전 – 전 멋진 여성입니다

소 – 소문 들어 보셨나요?

영 – 영원한 여러분의 친구 전소영을 기억해 주세요.

✳ 김미순

김 – 김씨 문중에서 최고이며

미 – 미인대회에서 1등 했습니다.

순 – 순 뻥입니다.

❋ 비행기

비 – 비상하려면 남과 비슷하게 생각해서는 안 된다.

행 – 행여 실패할까 봐 걱정만 하지 말고,

기 – 기백을 발휘하여 남다르게 도전하자!

❋ 해병대

해 – 해군도 아니고 육군도 아니며 공군도 아니다.

병 – 병법과 병술에 따라 상황에 유연하게 대응할 뿐이다.

대 – 대의를 위해 우리는 소탐대실(小貪大失)하지 않는다.

❋ 낙하산

낙 – 낙엽은 때가 되면 미련 없이 떨어진다.

하 – 하산할 때 자기 의지로 내려가야 추락하지 않는다.

산 – 산은 내려갈 때 더 위험하다.

❋ 몽블랑

몽 – 몽상에서 상상력이 나오지 않는다!

블 – 블리자드 같은 혹한의 시련을 견뎌 내고,

랑 – 랑데뷰 홈런을 치는 환희의 순간을 상상하라!

✳ 용광로

용 – 용기 있게 두려움에 정면 도전하라!

광 – 광명의 세계는 어둠에서 나온다!

로 – 로켓처럼 현실을 박차고 비상하라!

✳ 장작불

장 – 장점과 재능에 주목하라!

작 – 작품과 명품은 하루아침에 나오지 않는다.

불 – 불철주야 타오르는 열정만이 살길이다.

✳ 모닥불

모 – 모험심을 갖고 당연과 물론의 세계에 시비를 걸어라!

닥 – 닥치는 대로 시도하고 새로운 실패를 반복하라!

불 – 불가능은 사실이 아니라 하나의 의견에 불과하다!

✳ 기념비

기 – 기상천외한 업적을 남기려거든

념 – 념(염)치 불구하고 매너리즘에서 벗어나

비 – 비합리적 생각으로 합리성에 시비를 걸어라!

✳ 무화과(無花果)

무 - 무시하지 마라, 열매가 보이지 않는다고.

화 - 화려함의 본질은 본래 보이지 않는다.

과 - 과시하다 넘어질 수 있다!

✳ 삼총사

삼 - 삼시 세끼 같이 먹고 자면서

총 - 총력전을 펼칠 때가 오면 의기투합합니다.

사 - 사력을 다해 공동의 목표를 향해 매진합니다.

✳ 삼매경

삼 - 삼복더위에도 아랑곳하지 않고,

매 - 매시간 어떻게 흘러가는지 몰아지경에 이르면

경 - 경탄에 마지않는 경이적인 성취는 시간문제입니다.

✳ 물망초

물 - 물 위에 떠 있는 부평초처럼 덧없어도

망 - 망망대해의 돛단배처럼 이리저리 흔들려도

초 - 초연한 마음으로 그대를 기다립니다.

✳ 초보자(1)

초 – 초조한 마음으로 언제나 긴장이 되지만,

보 – 보무도 당당하게 자신감으로 살아갑니다.

자 – 자만심을 버리고 언제나 낮은 자세로 살아갑니다.

✳ 초보자(2)

초 – 초심을 잃지 마라.

보 – 보폭을 짧게 하고 긴장을 늦추지 마라.

자 – 자만심을 버리고 자신감으로 무장하라.

✳ 가로등(1)

가 – 가출한 마음은 서글프지만

로 – 로드맵을 보면서 한 움큼의 꿈을 생각하지.

등 – 등 뒤에서 숨어 있는 한숨도 내일이면 사라질 거야!

✳ 가로등(2)

가 – 가냘픈 마음이 앞을 가리네.

로 – 로키마운틴도 밤에는 잠이 든다.

등 – 등 뒤로 떠밀렸다고 좌절하면 안 되지.

✳ 올챙이

올 – 올인하면 안 되는 게 없단다!

챙 – 챙길 것은 오로지 꿈과 비전.

이 – 이렇게 살다 보면 그날은 반드시 올 거야!

✳ 두꺼비

두 – 두문불출하고 있다가 세상으로 나왔네.

꺼 – 꺼질 것 같은 희망의 끈을 붙잡고,

비 – 비겁하게 살지 않겠다고 다짐하면서.

✳ 거북이

거 – 거창한 꿈을 꾸는 것도 아니다.

북 – 북적대며 소란을 피우지도 않는다.

이 – 이 세상 다할 때까지 꾸준히 노력할 뿐.

✳ 달팽이

달 – 달리기 전에 걷고, 걷기 전에 기어야 된다!

팽 – 팽당하지 않고 눈물이 '핑' 돌기 위해서는

이 – 이 사람 저 사람이 뭐라 해도 묵묵히 내 길을 가면 된다!

✳ 북새통

북 – 북적북적 수많은 사람들,

새 – 새날을 손꼽아 기다리는 사람들,

통 – 통사정을 해야 임이 오시려나.

✳ 정거장

정 – 정지하지 않으면 정진할 수 없다!

거 – 거창한 꿈도 잠시 접고,

장 – 장엄한 미래를 위해 잠시 멈추자!

✳ 아파트

아 – 아련한 추억이 서려 있는 보금자리.

파 – 파란만장한 삶이 녹아 있는 희망의 터전.

트 – 트집 잡는 비난보다 꿈이 싹트는 텃밭.

✳ 주인공

주 – 주연 배우는 배우는 사람이다.

인 – 인습을 타파하고 끊임없이 배워야 된다.

공 – 공사다망하지만 배움을 멈추지 않아야 배우가 될 수 있다!

✳ 백세주(1)

백 – 백년해로가 뭔 말이냐!

세 – 세상이 이렇게 고달픈 것을….

주 – 주모도 오늘은 술을 안 주네.

✳ 백세주(2)

백 – 백인백색, 백가쟁명

세 – 세시풍속, 세상만사

주 – 주야불망, 주야골몰

✳ 백세주(3)

백 – 백척간두 위기로구나

세 – 세상만사는 새옹지마

주 – 주식보다 지식에 투자하자

✳ 복분자(1)

복 – 복잡한 세상

분 – 분노가 치미는 세상

자 – 자, 술이나 한잔합시다!

✳ 복분자(2)

복 – 복지부동(伏地不動)하지 말고

분 – 분골쇄신(粉骨碎身)하는 노력으로

자 – 자아실현(自我實現) 합시다!

✳ 산사춘

산 – 산 좋고 물 좋고,

사 – 사방 팔면에 봄기운이 물씬.

춘 – 춘삼월에 임은 오시려나.

✳ 고량주

고 – 고약한 세상

량 – 량(양)껏 마십시다.

주 – 주책은 사양합니다.

✳ 단무지

단 – 단막극이 아닌 인생,

무 – 무한한 가능성의 세계,

지 – 지금 여기에 꿈결 같은 행복이 있네!

✳ 멋지다

멋 – 멋스럽게 삽시다.

지 – 지금이 가장 중요한 시기

다 – 다시 시작합시다!

✳ 좌우명

좌 – 좌지우지하지 않는 삶을 위해

우 – 우러러 바라볼 촌철살인의 죽비,

명 – 명심해야 될 내 마음의 한 문장.

✳ 세탁기

세 – 세탁해야 되는 것은 옷뿐만이 아니라 생각이다.

탁 – 탁한 공기에 오염된 생각의 때와 생각 비듬을 빨아야 한다.

기 – 기발한 생각은 생각 비듬과 생각의 때를 빨아야 나온다!

✳ 냉장고

냉 – 냉엄한 현실을 무시하면 생각의 함정에 빠질 수 있다.

장 – 장기간 타성에 젖다 보면 생각의 틀을 벗어나기 어렵다.

고 – 고정관념이 고장관념으로 바뀌기 전에 역발상을 시도하라!

✳ 자동차

자 – 자동적으로 되는 것은 아무것도 없다!

동 – 동선과 시선을 바꾸어야 새로운 생각을 할 수 있다.

차 – 차선책도 정련시키면 세상을 바꿀 수 있는 최선책이 될 수 있다.

✳ 별천지

별 – 별의별 것이 쉽게 인정되지 않는 세상에

천 – 천지를 뒤흔드는 창조적 업적을 남기려면

지 – 지축이 흔들릴 정도로 파격적이어야 한다.

3부

성공하는 리더를 위한
유머 경영 전략

이제 경영도 웃음 성공 시대

미국의 교도소에 가면 슈퍼마켓을 털다가 잡힌 강도들이 전국적으로 10만 명 정도가 수감되어 있다고 한다. 그런데 한 연구기관에서 이들 슈퍼마켓 강도들을 대상으로 설문 조사를 했는데 흥미로운 부분이 많다.

먼저 "총과 칼을 무장하고 슈퍼마켓을 털 각오를 했지만 털 수 없었던 경우가 있었느냐?"는 질문에 약 95%의 강도가 종업원이 눈을 맞추며 인사할 때 도저히 양심상 총이나 칼을 꺼낼 수가 없었다고 한다. 한마디로 웃는 얼굴을 보고 강도 짓을 할 의도가 사라진 것이다.

관심을 끄는 부분은 다음 질문인데 "그럼 총과 칼로 종업원에게 상해를 입히거나 살인까지 저지른 경우는 언제인가?"라는 질문에 많은 강도들이 유사한 대답을 했다. 바로 슈퍼마켓을 들어갔는데 아는 체도 하지 않고 웃지도 않을 때는 흉악범으로 변하게 되었다는 것이다.

한마디로 자신을 아는 체하지 않으면 무시하는 기분이 들어서 순식간에 상해나 살인까지 이어진다는 것이다. 그래서 미국에서 손님에게 눈인사를 하며 웃는 것은 매출과 관련된 일이기보다는 생존과 직결되는 중요한 일이다. 무시무시한 이야기지만 웃음이 얼마나 중요한지 설명해 주는 좋은 사례다.

● **웃지 않는 자, 장사하지도 마라**

최근 기업들이 웃음경영, 펀(fun)경영을 표방하며 즐겁게 일하는 분위기를 만들고 직원들의 얼굴에 웃음을 무장시키는 이유는 바로 웃음이 사람의 마음을 부드럽게 하여 구매를 강력하게 유도하기 때문이다. 그래서 중국 속담에 "웃지 않는 자, 장사하지도 마라."라는 말이 있지 않은가!

몇 년 전 프린스턴 대학 판매연구소의 제이슨 박사가 연기자 150명을 동원하여 웃음과 세일즈의 관계에 대한 재미있는 실험을 했다. 50명은 시종일관 웃음을 띠고, 50명은 무표정한 상태로, 나머지 50명은 험상궂은 얼굴이나 신경질적인 얼굴로 판매를 했다.

놀랍게도 웃음 팀은 목표량의 3~10배까지 팔았고, 무표정 팀은 목표량의 10~30%를 팔았고, 인상을 쓴 팀은 전혀 팔지 못했다고 한다.

● 기분 좋은 얼굴에 돈을 쓴다

평생 동안 13,000여 대의 자동차를 판매한 판매왕 '조 지라드'는 웃음의 위력을 알지 못하는 세일즈맨은 결코 성공할 수 없다고 단언한다. 그는 인간에게 얼굴이 있는 이유가 먹기 위해서나 세수하기 위해서 혹은 면도나 화장하기 위해서가 아니라 웃기 위해 있는 것이라고 말하는 탁월한 웃음 예찬론자다. 또한 웃음만이 모든 문을 여는 만능열쇠라고 말한다.

사람들은 기분 좋은 얼굴 표정에 돈을 지불한다는 것을 잊지 말자. 고객에게 웃음을 준다는 것은 매출을 올리는 수단이기도 하지만, 고객에게 즐거움과 기쁨을 주는 도구인 것이다.

✳ **회사를 그만둬야 할 때**

변덕스런 사장을 만났다면 당장 회사를 그만두라. 인색한 사장을 만났다면 변덕스런 사장 때보다 더 빨리 그만두라. 분별력이 없는 사장을 만났다면 인색한 사장 때보다 더 빨리 그만두라. – 카우틸랴

✳ **도박의 종말**

친구끼리 도박을 하다가 큰돈을 잃은 친구가 심장마비로 그 자리에서 죽었다. 친구들은 앙칼진 그의 부인에게 알려야겠는데 어떻게 말해야 할지 난감했다. 우선 친구 집에 전화를 걸었다.

"제수씨, 수영이가 어제 도박을 하다가 큰돈을 몽땅 잃었습니다."

"으이구! 나가 뒈지라고 해요!"

"네, 이미 소원대로 됐습니다."

✳ 멍청한 건 남편?

어느 추운 날, 민호는 평소처럼 골프장으로 향했다. 하지만 날씨가 너무 추워 민호는 다시 집으로 발길을 돌렸다. 그러고는 옷을 벗은 뒤, 아직 자고 있는 아내 옆으로 기어들어 가며 속삭였다.

"날씨가 정말 춥다."

그러자 아내가 대답했다.

"춥죠? 이리 추운 날도 멍청한 내 남편은 골프 치러 나갔다니까요."

고객 관리의 일곱 가지 법칙

웃음은 인간관계의 키워드다. 그리고 웃음은 조직의 매출을 끌어올리는 일등공신이다. 모든 사람은 잘 웃고 유머 있는 사람에게 매력을 느끼며 그런 사람과 함께 있고 싶어 한다. 웃음을 선사하는 가게에 손님이 몰릴 수밖에 없는 이유가 여기에 있다. 그렇다면, 이와 함께 고객 관리를 하는 일곱 가지 법칙에는 어떠한 것들이 있을까?

1. 나의 이미지를 잘 관리하라

항상 최고의 컨디션을 유지하도록 노력하라. 최고의 컨디션은 편안하고, 기쁨과 감사하는 마음이 드러나 있는 모습이다. 나의 좋은 이미지는 고객을 부르고, 내가 하는 일에 열과 성의를 다하게 만든다.

2. '3비'를 절대 조심하라

'3비'란 비난, 비판, 비웃음을 말한다. 타인을 비난해서도,

나와 다른 생각이라고 비판하거나, 남을 비웃어서도 절대 안 된다. 링컨의 성공 비결은 절대 비판하지 않고 불평하지 않는 것이었다고 한다.

3. 품위와 예의를 갖춰라

실력 없는 것은 이해가 되어도 예의에 어긋나는 것은 고객을 멀리 떠나보내는 지름길이다.

4. 고객을 존중하고 세워 주라

고객은 존중해 주고 인정받고 대접받는 것을 좋아한다. 기꺼이 대접해 주라.

5. 고객의 말에 귀 기울여 주자

마더 테레사는 "내가 한 일은 사람들이 내게 와서 무언가 말할 때 그 이야기를 처음부터 끝까지 들어 준 것뿐입니다."라고 겸손하게 기자들의 질문에 응답했다.

6. 작은 것에 욕심내지 마라

'소탐대실'이라는 말이 있다. 작은 것에 욕심을 내어 큰 것을 잃게 된다는 말이다.

7. 표정 관리와 말투 관리를 잘하라

인간관계를 개선하기 위해서는 먼저 표정 관리를 잘해야 한다. 거울 앞에 내 모습을 보면 어떤 표정인가? 불만이 가 득찬 표정은 아닌지, 찡그린 표정은 아닌지, 무표정은 아닌지 살펴보자.

거울을 보고 오늘 하루 감사한 일 세 가지만 생각하더라도 얼굴에 웃음이 생기게 되고 표정이 한결 부드러워진다. 웃는 모습을 갖추면서 말하는 습관부터 바꾸자. 다른 사람의 감정을 불편하게 만드는 말투는 삼가야 한다.

상대방에 대한 배려하는 마음 없이는 배려하는 말투, 부드러운 말투가 나오지 않으니 상대방을 나와 똑같은 인격으로 보고 인격 대우를 해 주는 인간관계를 맺어야 할 것이다.

효과적인 인간관계 관리법

✦
✦

　대인관계가 만족스럽고 효과적일 때, 우리는 한 사람으로서 바람직한 성장을 하게 될 것이다. 그러나 이와는 반대로 대인관계가 불만스럽고 비효과적일 경우, 우리의 성장은 방해받게 되는 것이다. 이처럼 우리들이 경험하게 되는 인간관계의 질과 양에 따라 우리는 독특한 자아를 형성·발달시킬 뿐만 아니라, 개인의 정체와 건전한 인격 발달에도 지대한 영향을 받게 된다.

　효과적이고 생산적인 인간관계는 개인의 생존과 발달뿐만 아니라 결혼과 가정생활에도 매우 중요한 역할을 한다. 특히 산업사회의 발달에 다른 가치의 변화가 가정 불화와 이혼율을 증가시키고 있는 오늘날, 생산적인 인간관계의 필요성은 어느 때보다도 절실히 요청되는 것이다.

　그렇다면 효과적이고 생산적인 인간관계를 관리하기 위한 방법에는 어떠한 것들이 있을까?

● 명함을 체계적으로 관리한다

나는 하루 일과를 마치고 집에 돌아오면, 그날 받은 명함을 정리하면서 명함의 주인에 대해 메모를 해 둔다. 명함에 사진이 들어 있으면 좋겠지만, 그렇지 않을 경우 누가 누군지 기억할 수 없기 때문이다. 다음에 명함의 주인공을 다시 만났을 때 '아! 그때 멋진 밤색 넥타이를 매셨던 분이죠?'라는 식으로 인사를 하면, 대부분의 사람들은 자신을 기억하고 있다는 사실 때문에 무척 좋아한다.

● 같은 특징으로 그룹화한다

일, 동창, 친구, 스승 등으로 구분하여 명함이나 연락처를 정리한다. 일 관계로 만나는 사람은 거래처별로 관리하고, 개인적인 친분으로 만나는 사람은 지속적으로 친분을 유지하는 사람과 일회적으로 끝나는 사람을 구분하여 관리하면 효과적이다. 또한 자신과 같은 일을 하는 사람들을 별도로 관리하는 것도 정보 공유에 도움이 될 것이다.

● 안부 전화를 자주 한다

1년에 통화 한 번도 못하고 지나가는 지인들도 있을 것이다. 그럴 때는 메일로 안부를 묻거나 핸드폰 문자라도 해서 인간관계를 유지해 나가는 것이 중요하다. 무소식이 희소식이라는 말도 있지만, 그래도 안부를 물어 주거나 문자를 받게 되면 고마운 마음도 들게 되니 성의를 보이는 것도 중요하다. 내가 받고 기분이 하루 종일 좋았던 문자의 내용은 다음과 같다.

"원장님! 오늘 세상에서 제일 멋진 분으로 당첨되셨습니다.축하드립니다. 세상이 다 아는 사실인데 새삼 더 생각하게 되는군요. 그 행운으로 오늘도 걸음걸음 행복하세요."

사람의 마음은 다 같은지, 다른 분들께도 똑같이 보냈더니 모두들 즐거워하셨다.

● 편안한 분위기를 만들어 경계심을 누그러뜨린다

재치 있는 유머를 섞어 즐거운 분위기로 유도하고, 자신의 이미지를 확실하게 인식시킨다.

● 상대방이 어려운 처지에 있을 때, 최선을 다해 돕는다

물질이 아니더라도 같이 고통을 나누고 이해하면서, 진심으로 위로한다.

● 이해관계 따지지 않기

당장 눈앞에 보이는 필요보다는 인간관계 자체를 중요시 여긴다. 눈앞의 이익에 연연해하지 말고, 보다 긴 안목으로 인간관계를 유지한다. 또한 사람을 사귈 때 이해관계를 미리 따지지 않는다.

● **상대방의 단점보다는 장점과 매력에 관심을 갖는다**

누구에게나 장점이 있다. 단점에 신경 쓰지 말고 장점만을 보려고 하다보면 단점은 눈에 들어오지 않는다.

● **인맥을 남용하지 않는다**

자신의 사소한 이익을 위해 인맥을 이용하지 않는다. 사람을 잃는 것은 한순간이다. 우연한 기회에 인맥이 자신에게 도움이 되어 줄 수도 있겠지만, 본인 스스로가 개인적인 이익을 위해 사람을 끌어들여 부담이나 피해를 줘서는 안 된다.

매출을 올리는 유용한 도구, 유머

미국의 어느 아름다운 해변에서 프랑스 청년 한 명이 플레이보이인 미국 친구에게 여자 꼬시는 법을 물었다.

"간단하지. 내가 하는 걸 잘 봐."

미국 청년이 예쁜 아가씨가 지나가는 걸 보고 다가가서 수작을 걸었다.

"아가씨, 1에서 9까지의 숫자 중 좋아하는 걸 하나만 대 보세요."

아가씨가 6이라고 대답했고, 청년이 말했다.

"브라보! 당신은 오늘 저와 저녁 식사를 함께하는 행운에 당첨되었습니다. 7시에 모시러 가죠."

그리고는 프랑스 청년에게 "봤지? 이대로만 하면 돼."라고 속삭였다. 한참 뒤, 또 한 아가씨가 지나가자 프랑스 청년이 다가갔다.

"아가씨, 1에서 9까지의 숫자 중 좋아하는 걸 하나만 대 보세요."

"3이요."

"어머나, 아까워라."

프랑스 청년이 혀를 차며 말했다.

"아깝네요. 6이라고 했으면 저녁 식사에 당첨되었을 텐데."

이렇듯 유머는 상대방으로 하여금 즐거움과 기쁨을 주며, 내가 목적한 바를 이루는 슬기로운 도구이다. 이를 기업에 응용해 보면, 고객에게 웃음을 준다는 것은 즐거움과 기쁨을 공유하는 수단이 될 뿐 아니라 매출을 올리는 유용한 도구가 되는 것이다.

● 유연함과 융통성

온대 기후에선 음식을 차갑게 하는 용도로 쓰이지만, 냉대 기후에선 음식을 따뜻하게 보관하는 용도로 쓸 수 있다. 고지식한 사람이라면 생각하지 못하는 유연한 사고다. 유연성과 융통성, 누구를 만나도 어디에서나 어떤 일을 하거나 적응력을 높여주는 성공자의 필수요소다. 당신의 이미지는 유연함과 융통성인가 아니면 고정관념과 진부함인가?

● 기업에서 유머 있는 사람을 뽑는 이유

영업사원이 고객을 만날 경우, 반드시 좋은 일만 있는 것은 아니다. 간혹 계약을 취소하거나 구입한 물품을 반품하겠다는 고객을 만날 때가 있는데, 이때 시시비비를 가리다가 감정싸움이 일어나기도 한다. 이때 원칙만을 고수하는 영업사원은 다시는 볼 일이 없을 것처럼 극단적으로 대응하여 관계를 악화시키는 경우가 적지 않다.

하지만 유머 감각이 있는 영업사원은 재치 있는 유머로써 여유 있게 대응하여 파기된 계약을 다시 성사시키거나 훗날을 기약하는 잠재 고객으로 관계를 호전시킨다. 이것이 기업에서 유머 있는 사람을 뽑는 이유가 아닐까 싶다.

● **영업을 잘하는 방법**

영업 잘하는 사람을 모방하면 된다. 사람을 대하는 태도, 영업하는 마인드, 영업하는 기술, 영업할 때 쓰는 말, 영업할 때 입는 옷 등 자기 스타일과 맞는 사람을 정해서 그 사람은 완벽하게 닮으려고 노력하면 된다. 벤치마킹만큼 좋은 것은 없다.

당연히 밑바탕에 깔려야 하는 것은 열정이다. 열정은 비전에서 나온다. 내가 하고 있는 아이템을 열심히 하면 내가 원하는 수익이 나올 거라는 믿음이다. 내가 하는 아이템에 대해서 철저하게 공부하고 비전을 정확히 알수록 비전이 명확해진다. 그래서 내가 하고 있는 아이템에 대한 공부는 필수인 것이다.

❋ 품질 과장

박 과장이 부서를 옮겼는데, 여기저기서 쑥덕거리기 시작했다.

"아니, 품질 관리에 대해 알지도 못하는 사람이….."

그 얘기를 듣고 있던 박 과장이 웃으며 말했다.

"제가 계란을 낳아 보지 않았어도 계란이 상했는지 싱싱한지 알고 있습니다."

❋ 월급

"자네, 월급을 모두 용돈으로 쓰고 있지?"

과장에게 이 말을 들은 사원이 웃으면서 말했다.

"아닙니다. 저는 생활비로 유용하게 쓰고 있는데, 회사에서는 용돈으로 생각하고 주는가 보군요."

❋ 면접시험(1)

어느 회사의 면접시험이 있는 날이다.

현석이가 긴장하며 시험관 앞에 섰다.

"자네의 특기가 뭔가?"

"네, 저는 사람을 웃기는 재주가 있습니다."

"그럼, 한번 웃겨 봐!"

현석이는 뚜벅뚜벅 걸어가 문을 열더니 대기자들에게 이렇게 소리

쳤다.

"모두들 돌아가세요. 오늘은 면접시험이 끝났습니다."

✳ 면접시험(2)

시험관이 묻는다.

"자넨 어떤 자리에 앉고 싶은가?"

"이사님 자리에 앉고 싶습니다."

"자네, 미쳤나?"

"아니, 미쳐야 그 자리에 앉는 겁니까?"

✳ 실연

"자네, 실연당했나? 요즘 무척 힘들어 보이는데, 괜찮나?"

"네, 괜찮습니다."

"정말 괜찮은가?"

"평소에는 잊고 있다가, 한 달에 한 번만 생각이 납니다."

"언제 생각나는데?"

"카드 대금 나올 때요."

✳ 선견지명

"여보게, 한 달 후에 갚을 터이니 돈을 좀 꾸어 주게."

"한 달 후라? 그렇지만 두 달 후에는 우리가 싸울 것이 분명하니, 그럴 바엔 지금 싸우는 게 낫지."

❋ 정보 수집

"여보세요, 혹시 이 근처에서 경찰 못 보셨소?"

"아뇨, 아무 데도 없던 걸요."

"그래요? 그럼, 꼼짝 마! 그 시계하고 주머니의 돈 모두 내놔!"

유머는 창의성으로부터 시작된다

유머와 창의력은 같은 뿌리를 갖는다. 나는 호감이 가는 남성의 조건으로 유머 감각을 꼽는 여성을 매우 현명하다고 생각한다. 유머 감각이 뛰어난 남성을 찾는 여성은 창의적인 사고를 할 줄 아는 남성을 찾는 것이다. 많은 심리학자들의 창조적인 사고에 관한 연구에 따르면, 창조적인 능력과 유머 사이에는 매우 밀접한 관련이 있다고 한다.

그것은 창의력과 유머의 속성을 생각해 보면 알 수 있다. 우리가 유머를 느끼는 것은 일반적으로 기대하는 대답 이외의 대답을 들었을 때다. 일상적인 사고의 흐름에서 벗어났을 때 사람들은 웃음을 터트린다. '유머 하나'가 그 예다.

● 고정관념에서 벗어나라

창조적인 아이디어는 일반적인 사고의 길을 걸어가다가 한번쯤 다른 길을 가 볼 때, 그때 얻어진다. 사람들의 사고에는 어떤 흐름이 있다. 일반적으로 예상되는 사고의 흐름이 있는 것이다. 그 예상되는 사고의 흐름은 고정관념이 되고 사람들의 인식의 틀을 형성한다.

새로운 창의적인 아이디어는 고정관념과 인식의 틀 안에서는 절대 기대할 수 없다. 인식의 틀을 뛰어넘고 고정관념에서 벗어나기 위해서는 의식적으로 한 번씩 일반적인 사고의 흐름에서 벗어나는 것이 필요하다.

물론 사고의 흐름을 벗어났다고 모두 창의적인 결과를 가져오는 것은 아니다. 흐름을 벗어났다는 것만으로는 의미가 없다. 흐름을 벗어난 것이 의미를 갖기 위해서는 기존의 사고 체계에서 인정을 받아야 한다. 우리는 엉뚱한 생각으로 위대한 발명이 만들어지는 예를 많이 듣는다.

하지만, 엉뚱한 생각들이 모두 가치 있는 것은 아니다. 엉뚱한 생각이란 예상되는 사고의 흐름에서 벗어나는 것을 의미한다. 그렇게 예상되는 사고의 흐름에서 벗어난 엉뚱한 생각이 가치 있는 발명으로 이어지는 획기적인 아이디어가 되는 것은 또 다른 이야기다. 그러나 분명한 것은, 새로운 아이디어를 위해서는 일단 모두에게 예상되는 사고의 흐름에서 벗어나는 의도적인 노력을 해야 한다는 것이다.

우리가 아이디어 발상법으로 가장 많이 사용하는 브레인스토밍의 제1원칙이 바로 '비판하지 말라'이다. 주도적인 생각에서 벗어나 인식의 틀을 이탈하기 위한 브레인스토밍의 첫 번째 장치가 바로 '비판 금지'인 것이다.

● 상상도 못한 것들의 결합이 웃음을 끌어낸다

'유머 둘'은 전혀 어울리지 않고 연관성도 없는 전혀 다른 것들을 적절하게 조합하여 새로운 재미를 주는 예다. 새로운 창의적인 아이디어들 중에는 기존에 존재하지 않는 것을 전혀 연관성이 없어 보이는 것들을 결합하여 만들어 내는 경우가 많다. 특히, 둘이 전혀 어울리지 않아서 아무도 결합하려 하지 않는 것들을 결합하여 전혀 상상하지 못했던 아이디어들을 만드는 경우도 있다.

유머도 그렇다. 다음과 같이 어울리지 않는 것들을 모아서 결합해도 사람들의 웃음을 끌어낼 수 있다. 브레인스토밍의 또 하나의 원칙은 '서로 다른 사람들의 의견들의 조합과 결합을 유도한다.'는 것이다. 유머는 당신에게 고정관념에서 벗어나라고 말한다.

✳ 갑부의 비밀

한 젊은 남자가 늙은 갑부에게 어떻게 돈을 많이 벌게 되었는지 물었다.

"음… 1932년이었지. 사회적으로 엄청난 공황이 있었고 내 손엔 딱 100원이 있었다네. 난 100원을 가지고 사과 한 개를 샀지. 하루 종일 그 사과를 닦아 광을 내서 그날 저녁에 200원에 팔았다네. 다음 날, 200원으로 사과 두 개를 사서 닦고 광을 냈지. 저녁에는 400원에 팔았어. 이렇게 한 달여 동안 사과를 사고팔고 했더니 내 수중에 1백만 원이라는 돈이 들어왔다네."

젊은 남자는 흥미롭게 이야기를 들으며 물었다.

"그래서요?"

그러자 노인이 대답했다.

"그때 우리 장인어른이 20억 원을 유산으로 남기고 죽었어."

✳ 거미의 귀

어떤 과학자가 거미에 관한 실험은 했다. 그는 거미를 책상 위에 올려놓고 사람들이 보는 앞에서 소리쳤다.

"뛰어! 뛰어!"

그랬더니 거미는 뛰기 시작했다. 그리고 그는 거미의 다리를 부러뜨리고 거미에게 소리쳤다.

"뛰어! 뛰어!"

그러나 다리가 부러진 거미는 꼼짝하지 않았다.

실험이 끝나고 나서, 그 과학자는 실험의 결론을 발표했다.

"거미의 귀는 다리에 있다."

✳ 수술실의 아들

아들과 아버지가 자동차를 같이 타고 가다가 차 사고로 부상을 입어서 병원으로 실려 갔다. 근데 아들과 아버지가 각각 다른 병원으로 갔다.

아들이 응급실 수술대에 누워 있는데, 의사가 병실에 들어와 환자를 보더니 자기는 수술을 할 수 없다고 한다. 그 이유는 자기 아들을 자기 손으로 수술할 수는 없다는 것이다. 어떻게 된 영문일까?

답은 '엄마'였던 것이다. 사람들은 왜 의사를 남자여야 한다고 생각하는 것일까?

고객의 마음을 여는 방법

물건이나 자신이 배운 지식은 물론, 대통령까지도 다른 나라에 나가 한 나라의 국가 이미지와 잠재력을 판매하는 시대다. 판매할 때, 가장 중요한 것은 고객과의 벽을 허물고 대화의 실마리를 찾는 것인데, 이를 위해서는 무엇보다 고객의 마음을 여는 것이 중요하다.

그런데 요즘은 워낙 기술이 발달하여 제품에는 별 차이가 없다. 그래서인지 고객은 제품에 대한 특징을 말하기도 전에 '알아요' 하면서 문을 닫는 경우가 대부분이다. 이때 가슴에 새겨두어야 할 명언이 있다. "판매는 거절로부터 시작된다."는 레타맨의 명언이다.

이 말은 판매에는 반드시 거절이 있게 마련이므로, 거절을 당했더라도 실망하거나 당황하지 말라는 것이다. 오히려 거절하는 고객은 가능성이 있는 고객이라고 생각하고, 거절 자체를 환영할 수 있는 마음가짐으로 접근해야 한다는 뜻이다.

하지만 거절로 인해 받게 되는 스트레스가 적지 않다. 따라서

스트레스를 극복할 수 있는 방법과 함께 거절에 대응하는 적절한 방법을 찾기 위해 부단히 노력해야 한다.

● 진실성과 신뢰감을 주는 이미지

고객에게 진실되고 신뢰감을 주는 이미지를 팔아야 한다. 말을 잘한다고 다 판매를 잘하는 것은 아니다. 말을 어설프게 하여도 진실성이 엿보인다면 고객은 이미 알고 제품의 필요성을 알고 구매하고 싶어질 것이다.

● 판매하는 제품 미리 사용해 보기

전문가로서 지식과 경험이 풍부해야 한다. 우선 판매하고 있는 제품을 먼저 써 보고 어떤 점이 좋은지 어떤 것은 불편한지 직접 체험해 보고 보다 더 확신을 가지고 설명해 주도록 한다.

● 제품의 장점 부각하기

제품의 특징보다 제품에 대한 장점을 설명하는 것이다. 기능에 비해 저렴한 가격을 부각시켜 주는 것도 중요하다.

● 거짓말하지 않기

정직하게 말하고 거짓말은 해서는 안 된다. 판매 시 조금 과장되게 말할 수도 있지만, 적어도 없는 말을 해서는 안 된다.

● 정직한 이미지

다른 회사의 제품을 비방해서는 안 된다. 물건을 파는 것보다 자신을 파는 것이므로 정직한 이미지를 고객에게 심어 주는 것이 더 중요하다.

● 알아듣기 쉽게 설명하기

고객에게 어려운 말로 설명하지 말고 알아듣기 쉽게 설명해야 한다. 모든 고객이 설명을 다 들었다고 구매하는 것은 아니다. 판매한다는 생각보다 고객에게 필요한 정보를 준다는 마음 자세가 필요하다.

업계의 판매전이 날로 격심해지고 있어서 자신만의 독특한 영업 전략을 세우지 않고서는 시장에서 살아남을 수 없다. 이를 바로 인식하고 대처해야 하는데, 고객에게 다가갈 때 '유머'를 활용해 보면 어떨까. 그러기 위해서 웃음의 역할과 효용성에 대해 살펴보고, 판매를 하면서 겪는 어려움이나 스트레스를 유머로 풀어 버리자.

✳ 능력

성경책 판매원을 모집하는 광고에 한 남자가 응모하여 면접시험을 보았다.

"저저…저는 서서서…성경책 파파…판매원이 대대…되고싶습니다."

당연히 면접관은 말을 더듬는 이 사람의 판매 능력을 믿을 수가 없었고, 남자는 떨어졌다. 하지만 다른 회사에서는 이 남자의 잠재력을 보고 뽑았다. 그리고 곧 주위 사람들의 경악 속에서 말 더듬는 남자의 성격 판매율은 하늘을 찌를 듯이 올라갔고, 회사에서 성경책을 제일 많이 판 사람이 되었다.

얼마 후, 회사에서는 말 더듬는 남자의 판매 방법을 사람들에게 강연할 수 있는 기회를 만들어 주었다. 말 더듬는 남자는 성경책 판매 방법 노하우를 사람들에게 말했다.

"이건 아아아…주 가가가…간단합니다. 우…우선 초초…초인종을 누누…누르고 사사사…사람이 나오면 이…이렇게 마…말합니다. 서서서…성경책을 사사…사시겠습니까? 아니면 제제제…제가 드드드…들어가서 이이…읽어 드드드드드…드릴까요?"

✳ 믿었건만

한 남자가 룸살롱에서 계산하려고 했다. 카드 결제 시 와이프 핸드폰에 문자가 가니 룸살롱으로 찍히면 안 된다고 식당으로 나오게 해

달라고 했더니, 마담이 걱정 말라고 했다.

그는 안심하고 집에 갔으나 와이프에게 죽도록 터졌다. 와이프의 폰에는 이렇게 문자가 찍혀 있었다.

'새벽 1:30분 김밥천국 1,650,000원'

✳ 진짜 안된 사람은 누구

유명한 배우가 지방으로 행사를 가던 중 불가피하게 어느 지저분한 식당에서 식사를 하게 되었다. 주문을 마치고 기다리는데, 음식을 가져다준 사람이 예전에 함께 배우 생활을 했던 동료가 아닌가? 깜짝 놀란 배우는 이렇게 말했다.

"아니, 자네가 이렇게 지저분한 식당에서 일을 하다니…. 참 안됐군."

그러자 그 친구는 의연한 모습으로 음식을 내려놓으며 말했다

"그렇지도 않아, 난 이 지저분한 식당에서 음식을 먹지는 않거든!"

성공하는 리더의 유머 경영

✓

✓

    미국과 유럽의 기업이 일의 효율을 높이고자 직원의 스트레스 및 건강 관리를 위한 방법으로 유머 경영을 하고 있다는 기사를 본 적이 있다. 많은 기업들이 유머 경영에 눈을 돌리는 이유가 무엇일까?

    그것은 유머가 조직 내의 갈등을 줄이고, 작업 능률의 활성화를 이루며, 많은 스트레스에 시달리는 직장인들에게 웃음을 통한 활력을 주기 때문이다. 유머의 기본 정신과 현대 경영의 핵심 주제가 일치된다는 점을 미루어 생각해 보면, 당연하다고 할 수 있다.

● 유머 경영의 제1요소, 열린 마음

    관료적이고 딱딱한 조직에 활력을 불어넣어 생산성을 높이는 역할을 바로 유머가 해내고 있다. 구성원들에게 권위주의의 산물인 엄격한 질서만을 요구하는 리더는 요즘 거의 볼 수 없지만, 만약 아직도 그런 리더가 있다면 그는 절대로 직장을 즐거운 일터로 만들지 못할 것이다.

유능한 리더가 되기 위해서는 여러 조건을 갖춰야 하지만, 우선적으로 '열린 마음'을 가져야 한다. 리더가 아침에 유머 한마디를 친근하게 던짐으로써 유쾌하게 웃으며 하루를 시작한다면, 구성원 전체가 그날 종일 기분 좋은 상태에서 일할 수 있을 것이다.

● 신나는 일터 만들기

우리나라의 경우에도 몇몇 회사가 유머 경영을 도입하고 있다. 그중 L사는 유머 강사를 초빙하여 직원들에게 유머 강의를 듣게 함은 물론이고, 회사 내에 DDR을 설치해 놓고 있다. 스트레스를 받은 상태에서 일을 하게 되면 업무 효과가 저하되므로 기분 전환을 한 다음 다시 업무에 임할 수 있도록 나름대로의 방법을 구사하고 있는 것이다.

D사의 경우는, 매주 목요일마다 자유로운 복장으로 출근하게 함으로써 옷차림에 대한 스트레스를 줄여 주고 있다. 정장차림을 했을 때와 자유로운 복장을 했을 때를 비교해 보면, 스트레스를 받는 강도가 크게 차이 난다는 것이다.

일산에 있는 한 백화점은 아침에 출근하면 노래방 기기 앞에서 신나는 노래를 부르고 하루 일과를 시작한다고 하는데, 활기찬 기분을 고객에게 그대로 전달하는 것도 유머 경영의 한 부분이다.

유머 경영의 핵심은 '신나는 일터 만들기'다. 즐거운 마음으로 일을 하느냐, 하기 싫은 일을 억지로 하느냐에 따라 일의 결과가 판이하게 달라진다고 한다. 스트레스를 덜 받는 직장, 일하는 것이 즐거운 직장이야말로 모든 샐러리맨들이 꿈꾸는 직장이 아닐까 싶다. 유머의 효능과 힘을 새롭게 인식하여, 건강하고 활기찬 직장으로 탈바꿈하기를 기대해 본다.

✳ 자장면

요즘 기업체에서 신입사원을 뽑는 방법이 다양해졌다. 모 회사의 면접시험에 남자 3명과 여자 1명이 최종적으로 남았다. 사장이 직접 이들을 데리고 중국집으로 갔다. 그러고는 자장면 한 그릇만 달랑 시켜 놓고 말했다.

"자, 여기 자장면이 한 그릇 있네. 자네들이 돈을 내지 않고 나와 함께 이 자장면을 먹을 수 있는 방법을 말해 보게."

첫 번째 남자가 말했다.

"똑같이 젓가락을 들고 뺏어 먹겠습니다."

두 번째 남자가 말했다.

"전, 사장님이 남긴 것을 먹겠습니다."

세 번째 남자가 말했다.

"사장님이 흘리신 것을 먹겠습니다."

그리고 마지막으로 남은 여자가 이렇게 말했다.

"사장님, 다 드시고 입 닦지 마세요. 제가 대신…."

이 회사에서 보고자 한 것은 얼마나 재치 있는 대답을 하는 가였다. 주어진 틀만이 아니라 사고의 유연성은 회사 입장에서는 생산성을 높이는 데 중요한 몫을 하게 된다.

✳ 가장 빨리 갈 수 있는 방법

모회사에서 면접 시 이런 질문을 했다.

"당신이 지금 부산을 가는 데 자가용, 비행기, KTX 중 어느 방법으로 가는 게 가장 빨리 가는 방법일까요?"

회사가 원하는 대답은 '마음에 맞는 사람과 가는 방법'이었다. 그런데 이 대답을 한 사람이 단 한 사람이었다는 것이다.

주변을 둘러보면 사고가 아주 경직되어 있는 사람이 있는가 하면, 학창 시절에 공부는 못했다 하더라도 아주 창의적인 사람이 있다. 둘 다고루 갖출 수 있다면 좋겠지만, 회사 입장에서 보았을 때 창의적인 사원이 회사에서는 도움이 되는 인재일 것이다.

활기가 넘치는 아이디어 회의

회사에서는 많은 아이디어 회의를 하게 되는데, 아이디어라는 것이 준비되어 있다가 나오는 것이 아니기에 긴장하게 되거나 스트레스를 받게 되어 오히려 두뇌 활동이 제대로 작동하지 않는 경우가 많다.

몇 명이 모이는가 그리고 안건이 무엇인가에 따라서 회의는 조금씩 다를 수 있지만, 늘 똑같은 기본적인 회의 방식을 떠나 좀 더 자유로운 분위기에서 창의적인 생각이 오가고 마음이 편안했으면 하는 생각이 든다. 회의 진행자의 진행 방식에 따라서 다양한 방식이 나오긴 하겠지만, 그래도 어떤 주제에 대한 난상토론 후에 의견 접근, 그리고 결정되는 방식이 거의 고정화되어 있는 게 현실이다.

작게는 최소 1시간부터, 몇 시간까지 걸리기도 하는 아이디어 회의. 그래서 매번 회의의 비효율성이라는 말들이 많이 나오고 있다. '회의는 몇 분 안에 끝내자.'라고 이야기하면서 실상은 길어지기 일쑤다.

그렇다면 이렇게 길어지는 아이디어 회의를 어떻게 하면 활기 넘치게 할 수 있을까?

● **여섯 색깔 모자**

괜찮은 레퍼런스 하나를 소개한다면, 세계적으로 유명한 창의적 사고의 대가인 '에드워드 드 보노'의 책들 중 『여섯 색깔 모자』라는 제목의 책에 나온 방법이다. 사고방식을 하얀, 빨강, 검정, 노랑, 초록, 파란색의 여섯 색깔 모자에 비유하여서 각각의 관점으로 아이디어를 보라는 것이다. 각각의 모자가 의미하는 것은 다음과 같다.

－ 하얀색 : 객관적인 사실, 숫자, 정보, 데이터의 관점
－ 빨간색 : 느낌, 직관의 관점
－ 검정색 : 아이디어의 어려움, 주의할 점, 위험요소의 관점
－ 노란색 : 아이디어의 이점, 이익의 관점
－ 초록색 : 새로운 아이디어, 창의, 대안의 관점
－ 파란색 : 사고의 계획, 통제(나머지 색의 관점을 조절)

한 번에 하나의 모자를 쓴 것처럼 그 시각에서만 문제나 아이디어를 바라보는 것인데, 그렇게 되면 보다 집중하면서도 효율

적으로 문제를 바라볼 수 있다고 한다. 실제로 IBM과 같은 대
기업이나 싱가포르 정부 등에서도 이러한 사고기법을 도입해서
많은 효과를 거두었다고 한다.

직원과 고객을 웃게 하는 리더

케이프 항공은 미국 내에 대규모 항공사와 합병하지 않은 지방 항공사로서는 가장 큰 규모를 자랑한다. 본사는 매사추세츠 케이프 코드에 있는데, 한 해 40여만 명의 승객을 실어 나르며 매년 성장을 거듭하고 있다.

케이프 항공의 사장 다니엘 울프와 경영진은 "고객을 행복하게 만드세요. 그렇게 해서 즐거운 시간을 보내세요(Make Our Customers Happy – Have A Good Time Doing It)!"라는 표어의 첫 글자를 따서 'MOCHa HAGoTDI'를 만들었다. 이 같은 철학 덕분인지 케이프 항공은 나날이 더 많은 이익을 창출해 낼 수 있었다.

● 창의적인 아이디어

이후 케이프 항공은 성공한 기업으로서 지역 사회의 예술과 문화를 발전시키고 싶었다. 그것도 창의적인 방식으로. 케이프 항공은 주렉이라는 이름의 예술가를 뽑은 후, 그에게 비행기를 내주고 마음대로 칠할 수 있는 권리를 주었다. 그리고 이 프로그램을 '비행예술'이라고 이름 붙였다.

특히 색상이 눈길을 끄는 이 예술 작품은 말 그대로 비행기를 온통 뒤덮었다. 이 때문일까? 승객이 두 배나 늘었다. 다른 항공사와 차별화된 이미지를 만들었고, 엄청난 마케팅 이익을 냈다. 중요한 것은 창의적인 아이디어는 재미있는 환경에서 꽃핀다는 사실이다.

● 유머 마케팅

MOCHa HAGoTDI 철학의 독특한 비즈니스 방식 덕분에 더 많은 승객들이 더 자주 케이프 항공을 이용하게 되었다.

케이프 항공 매표소를 거쳐 비행기에 올라 복도를 지날 때는 웃지 않을 수 없다. 예를 들면 매표소에서는 탑승권 대신 사과, 오렌지, 바나나를 나누어 준다. 때가 되면 안내 방송이 들린다.

"바나나를 들고 계신 분들은 5번 출구로 오세요."

이 유머는 농담 한마디보다 더 효과적이며 오래간다.

● 강한 신뢰

또 다른 효과는 신뢰를 쌓는다는 것이다. 케이프 항공 사무실에서는 처음 봐서는 언뜻 이해하기 힘든 솔직함을 맛보게 된다. 마치 가족과 함께 있는 것 같은 느낌이 들어서 완벽하지도, 뛰어나지도 않지만 구성원들 사이에 믿음과 안락함이 있다. 케이프 항공은 승객도 이와 마찬가지로 대접한다.

● 낮은 이직률

다니엘의 철학의 마지막 효과는 낮은 이직률이다. 이직률이 낮으면 그만큼 직원 교육에 드는 비용이 적다는 뜻이며, 그 밖에 여러 가지 다른 효과도 분명하다.

일단 MOCHa HAGoTDI 철학이 적절하게 자리를 잡으면 직원들이 따르도록 하는 것은 더 쉽다고 다니엘은 설명한다. 회사는 그 철학이 무엇인지, 그런 환경에서 누가 가장 일을 잘할지를 명확하게 알고 있다.

또 어떤 사람을 구해야 하는지 알기 때문에 인터뷰 과정도 바뀌었다. 평범하고 일반적인 질문 대신, 최근에 있었던 재미있는 일에 대해 말해 보라고 요구한다.

● 진부한 것은 유머가 아니다

다니엘은 'MOCHa HAGoTDI'가 매우 섬세한 유머라고 강조한다. 즐거움에 대한 것이며, 인간을 창의적이고 유쾌하게 만드는 유머를 말하는 것이다. 모험을 감행할 수 있는 안전한 환경, 자발성과 창의력, 재치를 양성하는 분위기를 말하는 것이다.

단, 주의할 것은 조직 내에서 적절한 유머를 정의하고 이해하는 것이 매우 중요하다. 재미있고 유쾌하며 대상은 있지만, 그 대상이 사람이어서는 안 된다. 이 점은 아무리 강조해도 지나치지 않는다.

케이프 항공의 다음 계획은 무엇일까? 할로윈에는 케이프 항공(Cape Air)에서 C자를 가려서 그날 하루 원숭이 항공(Ape Air)이 된다. 또 그날은 티켓을 파는 직원들에게 원숭이 복장을 입힐 것이다.

하지만 내년에도 원숭이를 기대하지는 마라. 이 아이디어를 제도화하지는 않을 테니까. 다니엘은 늘 신선한 것을 원한다. 진부한 것은 딱 질색이라고 이야기한다. 진부한 것은 유머가 아닌 지루함을 주기 때문이다.

4부

세상을 바꾸는 감성 리더의 유머 리더십

감성 리더가 갖춰야 할 역량

감성 리더십은 직원들의 마음을 헤아려 직원들이 가지는 감정의 주파수를 맞추어 공감대를 형성함으로써 부하들로부터 호응을 얻는 리더십을 의미한다.

현대사회에서 카리스마적이고 논리적이며, 이성적인 리더의 필요성은 당연하지만, 상황에 따라서는 때론 감성 리더십을 발휘하는 것이 더욱 효과적으로 조직을 이끌어 나갈 수 있다. 달리는 말(馬)에게 당근과 채찍이 필요하듯이 조직원들의 마음을 헤아려 주고 작은 일에도 칭찬과 격려를 아끼지 않는 것이 진정한 감성 경영이자, 유머 리더십인 것이다. 또한 조직원들의 능력을 믿고 그들의 능력이 발휘될 수 있도록 만들어 주는 일 또한 재미있는 리더의 본분이 될 것이다.

그렇다면 감성 리더가 갖추어야 할 능력은 무엇이며 어떤 유형의 리더가 감성 리더로서의 자질을 갖추고 있는 것인가?

● 리더는 성실함을 갖추어야 한다

조직을 이끌어 가는 리더는 자기가 맡고 있는 업무는 물론이거니와, 업무 외적인 면에 있어서도 성실한 모습을 보여야 한다.

인간의 행동은 주위 사람들에게 전염되기 마련이다. 친구 사이에도 독서를 좋아하는 친구가 곁에 있으면 자기 자신 또한 자연스레 책을 가까이하게 되고 독서가 취미가 되는 일은 허다하다. 반면, 주위에 욕설을 잘하는 친구가 있으면 자기 자신도 모르는 사이에 욕쟁이가 되어 버리는 수도 있다.

이러한 현상은 조직 내에서 리더와 부하들 간에 더욱더 확연히 일어날 수 있다. 그렇기 때문에 리더는 조직과 조직원들을 위해 땀 흘려 일하는 모습을 보여야 하며, 조직원들은 리더의 성실함에 감동하여 리더를 자연스레 따르게 된다.

● 리더는 일관성이 있어야 한다

조직원들을 이끌어 가는 리더는 자기 자신의 원칙과 믿음이 있어야 일관되게 업무를 처리할 수 있다. 일관성 있는 리더십은 조직원들에게 신뢰를 구축함으로써 리더를 믿고 의지할 수 있게 만든다. 즉, 조직원들은 아무리 힘들고 위험한 상황에서도 리더에 대한 신뢰를 통해 마음의 안정을 찾고 자신의 업무에 충실할 수 있다는 것이다.

● 리더는 이해심을 가져야 한다

리더에게 이해심은 필수적인 자질이다. 팀원들의 감정, 동기, 어려움을 이해하는 리더는 더 강하고 생산적인 팀을 만들 수 있다. 조직을 운영하는 데 있어서 가장 이상적인 것은 조직의 목표를 성공적으로 달성하는 것이다.

하지만 때로는 실수도 있을 것이며 실패도 있을 것이다. 리더는 조직원이 비록 목표를 달성하지 못하고 실패했다 하더라도, 이를 용납하고 포용할 줄 알아야 한다. 이해심이 리더에게 중요한 이유는 다음과 같다.

- 신뢰 구축: 리더가 팀원들을 이해하고 공감할 때 팀원들은 리더를 더 신뢰하게 된다. 신뢰는 개방적인 소통과 협력을 이끌어 내는 핵심 요소다.
- 사기 진작: 팀원들이 이해받고 있다고 느끼면 자신의 가치를 인정받는다고 생각하여 사기가 높아진다. 이는 생산성과 직무만족도 향상으로 이어진다.
- 갈등 해결: 팀원들의 다양한 관점과 감정을 이해하는 리더는 갈등이 발생했을 때 더욱 효과적으로 중재하고 해결책을 찾을 수 있다.
- 개인의 성장 지원: 각 팀원의 강점과 약점, 개인적인 목표를 이해

하는 리더는 맞춤형 지원과 개발 기회를 제공하여 팀원들의 성장을 도울 수 있다.

- 효과적인 의사결정: 팀원들의 상황과 의견을 고려하는 리더는 더욱 균형 잡히고 현실적인 의사결정을 내릴 수 있다.

● 리더는 역지사지의 능력을 갖추어야 한다

리더가 조직원들의 마음을 헤아리기 위해서는 상대방의 입장이 되어서 생각할 줄 알아야 한다. 이러한 역지사지의 능력은 특히 군대조직에서 더 큰 효과를 발휘할 수 있다.

이등병이 막 처음 자대에 배치되었을 때 낯선 환경에 대해 두려움과 외로움을 많이 느끼게 된다. 이런 힘든 상황을 이미 겪어 보고 이해하는 선임의 따스한 말 한마디나 격려가 이등병에게는 큰 힘이 될 수 있고, 주눅 들지 않고 자신의 업무를 처리해 나갈 수 있다. 또한 이러한 현상은 도미노 현상처럼 계속 이어져 조직 자체가 한층 더 부드러워지고 단합될 수 있는 일종의 촉매제가 된다.

● 리더는 커뮤니케이션 능력을 갖추어야 한다

감성적인 리더가 되기 위해서는 조직원들과의 관계에 있어서 커뮤니케이션 능력을 갖추어야 한다. "말 한마디로 천 냥 빚을

갚는다."는 말이 있듯이 리더의 말 한마디로 조직원들의 업무에 막대한 영향을 미친다.

얼마 전 대통령 후보가 말을 잘못하여 급히 자신이 한 말을 해명한 일이 뉴스에 나온 적이 있다. 또한 모 장관이 재임 당시 '노인 폄하 발언'으로 지지도가 급격히 하락했던 것도 리더의 말 한마디가 조직의 사활에 얼마만큼 큰 영향을 미치는지를 보여준 사례라고 할 수 있다.

관계를 강화하는 감성 개발법

✦
✦

조직은 한 명, 한 명의 조직원들이 관계를 맺고 이루어진 하나의 공동체이며 조직원이 없이는 조직 또한 있을 수 없다. 유머 리더십은 물론이거니와 어떤 다른 리더십을 발휘하기 위해서든 조직원들과의 관계 강화는 필수적이라 할 수 있다.

조직원들의 감정을 헤아려 호응을 얻는 유머 리더의 경우, 상호 간의 밀접한 관계를 유지함으로써 조직원들의 욕구나 불만 사항을 인식할 수 있다. 요즘은 기업의 CEO가 기업 내 식당을 이용한 경우가 많다고 한다. 이는 조직원들과의 거리감을 좁히고, 관계를 강화함으로써 노사의 대립을 막고, 직원들의 고충을 들어 주는 관계 중시형 리더십의 한 예라고 할 수 있다.

또한 현대의 故 정주영 회장도 회식을 하면서 젊은 사람들과 같이 노래 부르고 춤도 추면서 분위기 맞추는 모습을 언론에서 많이 접할 수 있었다. 그뿐 아니라 명절 땐 시차에도 불구하고 해외 건설 현장에 꼭 전화를 걸어 격려했다고 한다.

LG의 故 구인회 회장은 새벽에 공장을 찾아와 철야한 사람들을 보고 "잠 좀 잤나. 욕본다."는 말을 잊지 않았다 한다. 이렇듯 관계를 중시하는 리더는 조직원들의 마음을 헤아리기 쉽고, 그에 따라 조직원들 또한 리더를 더욱 신뢰하며 공감대를 형성할 수 있다

그렇다면 어떻게 감성을 개발할 수 있을까? 리더의 개인적인 측면과 조직원들과의 생활에 있어서인 공동체적인 측면에 대해 나누어 설명해 보고자 한다.

● 개인적인 측면에서의 감성 개발법

첫 번째는 명상을 통해 감성을 개발하는 것이다. 명상을 통해 리더는 자기 자신에 대한 반성을 할 수 있고, 자기반성을 통해 자기 개발을 할 수 있다. 명상은 흐트러진 자신의 몸과 마음을 변화시키고 현실에 자극을 통해 고통스러운 문제까지도 해결한다고 한다. 이는 자기 자신의 편협하고 독단적인 생각을 버리고 상대방을 아끼며, 배려할 수 있는 넓은 마음을 갖게 한다.

두 번째로, 독서를 통해 감성을 개발할 수 있다. 독서는 직접 경험할 수 없는 상황을 간접적으로 경험할 수 있게 한다. 그에 따라 타인의 입장에서 생각할 수 있는 역지사지의 능력을 갖출 수 있다.

● 공동체적인 측면에서의 감성 개발법

첫 번째로, 조직원들과의 대화를 감성을 개발할 수 있다. 대화를 통해 조직원들의 개인적인 특성이나 성격, 주변 상황의 어려움을 파악할 수 있으며, 조직원들 또한 리더의 입장을 이해할 수 있게 된다.

두 번째로, 조직원들과 함께 할수 있는 레크리에이션을 통해 감성을 개발할 수 있다. 감성 리더십의 핵심 중 하나는 리더와 조직원들 간의 관계 강화로 볼 수 있는데, 관계를 강화하기 위해 단체 운동이나 취미 활동, 또는 술자리나 식사 등과 같은 회식을 이용하는 것이다. 이와 같은 방법을 통해 보다 친밀하고 돈독한 관계가 맺어지게 되면 거리감도 좁아지고 의사소통도 활발히 함으로써 조직의 단합을 이룰 수 있다.

결론적으로, 감성 리더십은 조직원들의 감정을 고려하고 이해함으로써 조직을 보다 활발하고 능동적으로 이끌 수 있는 리더십이다. 세찬 비바람이 나그네의 옷을 벗기지 못하고, 따사로운 햇볕이 자연스레 나그네의 저고리를 풀게 하는 것처럼, 감성 리더십은 감성적인 리더를 중심으로 조직원들과의 눈높이를 맞추고 이해함으로써, 개인의 가치와 조직의 가치를 높이는 리더십이라 할 수 있다.

포지티브 감성 vs 네거티브 감성

포지티브 감성을 효과적으로 잘 관리하면 구성원들의 신뢰와 충성심, 몰입, 창의성, 생산성 등에 상당한 도움을 줄 수 있다. 반면, 네거티브 감성은 그대로 방치해 둘 경우, 심각한 문제를 유발하기도 한다. 감정적으로 우울하거나 화가 나 있을 경우, 정확한 정보 처리가 어렵고 업무에 대한 집중력이 떨어져 비합리적 의사결정을 할 가능성이 높다.

또한, 네거티브 감성은 팀 동료와의 화합이나 고객 대응에 있어서 좋지 않은 영향을 줄 수 있다. 예를 들어, 화가 난 상태에서는 고객에 대한 친절한 대응이 이루어질 수 없으며, 동료와 함께 일할 상황에서도 원활한 협동이 제대로 이루어질 리 없다.

이처럼 어느 특정인의 좋지 않은 감정이 함께 일하는 다른 사람에게까지 전파되는 감정적 전이(Emotional Contagion) 현상이 나타날 경우, 걱정이나 불안감과 같은 좋지 않은 감정은 개인과 조직의 성과 향상에 걸림돌이 될 수 있다.

● 네거티브 감성, 적극적인 관리가 필요

따라서, 이직 의향이나 업무에 대한 몰입에 중대한 영향을 주는 네거티브 감성에 대해서는 보다 적극적인 관리가 필요하다.

타워스 페린(Towers Perrin)이 북미 기업을 대상으로 1,000여 명의 종업원과 300여 명의 인사 담당 임원을 대상으로 한 연구 결과를 보면, 약 23%가 일에 대해 좋은 감성을 가지고 있으나, 약 77%는 네거티브 감성(52%는 다소 부정적, 25%는 매우 부정적)을 갖고 있다고 한다. 이러한 감성은 이직 의향에 영향을 미치고 있는데, 현 수행 업무에 대해 포지티브 감성을 갖고 있는 사람은 6%만이 이직 의향을 가지고 있는 반면, 네거티브 감성을 갖고 있는 사람은 약 30%가 이직 의향을 가지고 있다고 한다.

● 감성 관리의 중심축은 리더

지금까지는 논리와 이성을 중시하는 경영 풍조가 강했기 때문에, 많은 기업들이 상대적으로 감성적 요소들을 소홀히 해왔던 것이 사실이다. 심지어 감성은 비논리적 사고와 비이성적 판단을 초래한다고 생각하여 자제되고 피해야 하는 요소로 인식하는 사람들도 있다.

그러나 감성이 개인과 회사의 성과에 중대한 영향을 미치고 있음을 감안할 때, 향후에는 보다 포지티브 감성을 높이는 방안을 모색할 필요가 있다. 이를 위한 요인에는 여러 가지가 있겠으나, 그 중심축은 구성원들과 가장 밀접하게 일하고 많은 시간을 보내는 리더들이라 할 수 있다. 리더의 언행 하나하나가 구성원의 포지티브 감성을 높이는가 하면, 사기와 일하는 기쁨을 빼앗을 수도 있기 때문이다.

그렇다면, 어떤 리더가 포지티브 감성을 파괴하는가? 감성 파괴형 리더의 특징은 '4I'로 정리할 수 있다. 의도적으로 자존심을 꺾는 리더(Intentional Attack), 감성에 무감각한 리더(Insensitivity), 말과 행동이 다른 리더(Inconsistency), 지나치게 일, 성과 중심으로만 움직이는 리더(Imbalance)가 그것이다.

● 의도적으로 자존심을 꺾는 리더(Intentional Attack)

포지티브 감정을 저해하는 첫 번째 요소는 의도적으로 부하 직원의 자존심을 공격하는 리더의 언행이다. 보통 자신의 권위를 세우기 위해서는 구성원의 사고와 행동을 통제해야 한다고 생각하는 리더가 여기에 해당된다. 이들은 부하나 동료들을 인격적으로 무시하거나 자존심(자부심)을 흔들어서 자신의 권위에 도전하지 못하도록 하는 성향이 있다.

하지만, 보다 더 큰 문제는 구성원의 자존심을 공격하는 것이 가장 훌륭한 동기 부여 방법이라고 착각하는 데에 있다. 예를 들어, 동료들 앞에서 부하 직원의 낮은 업무 성과나 무능함을 비난하는 경우이다. 이를 통해 주위 사람들로부터 비난받지 않기 위해서는 더욱 열심히 일해야 한다는 경각심을 부하 직원에게 심어 줄 수 있다고 믿는 것이다.

그러나 이러한 인격적 모독과 공격을 받은 직원은 마음에 깊은 상처를 받게 되고 좌절감을 느끼게 된다. 함께 일하는 동료들과의 관계가 서먹해지면서 팀워크 발휘도 제대로 되지 않게 된다. 더 열심히 노력하기보다는 일 이외의 다른 활동에 몰두하면서 화를 해소하려 한다.

또한, 이러한 리더 밑에 있는 구성원은 괜히 일 벌이지 않고 조용히 생활하는 것이 자신의 신상에 좋다고 생각하게 된다. 그 결과, 불만은 있지만 말은 하지 않는 '벙어리 조직'이 될 가능성이 크다.

● 감성에 무감각한 리더(Insensitivity)

구성원들의 감정이나 심리 상태를 이해하고 배려하지 못하는 리더도 감성 파괴형 리더이다. 일반적으로 상당수의 리더들은 자신의 전문 지식(예를 들어 재무, IT, 마케팅 등)을 바탕으로 성과를 내면서 승진하게 된다. 이러다 보니, 대부분의 리더들은 업무 성과 면에서는 탁월하나, 부하 직원을 다루는 사람 관리 기술은 부족한 경향이 많다.

대부분 이러한 리더들은 구성원들의 감정은 구성원 스스로가 알아서 해결해야 할 문제라고 인식하고 무감각하게 대응하곤 한다. 즉, '개인적인 감정은 사무실 밖에서 털어라'는 식의 사고를 가지고 있다.

개인의 희로애락과 같은 감성이 업무 성과에 결정적인 영향을 준다는 것은 이미 많은 연구들을 통해 밝혀진 사실이다. 더욱이, 하루의 절반 이상을 회사에서 생활하는 직장인들을 고려해 볼 때, 리더는 부하 직원의 개인적 감정도 분명히 챙기고 관리할 필요가 있다. 그렇지 않으면, 직원들은 의지할 곳을 잃게 되고 리더에게 자신의 괴로움이나 내면의 걱정을 토로하지 못하게 된다. 결국 리더와 부하와의 관계는 점점 멀어져 형식적인 관계로 전락하고 말 것이다.

● 말과 행동이 다른 리더(Inconsistency)

포지티브 감성을 파괴하는 리더의 또 다른 특징은 말과 행동이 일치하지 않는다는 것이다. 평상시에 구성원들에게 하는 말과 실제 행동하는 것이 다를 경우, 구성원은 리더는 물론 조직에 대해서도 신뢰하지 못하게 된다. 이 경우, 구성원들은 일할 의욕을 잃고 허무함을 느끼게 된다.

예를 들어, 승진이나 임금 인상 약속을 지키지 않을 때, 부하 직원의 아이디어를 가져가 다른 동료들에게 주거나 리더 자신의 아이디어인 것처럼 행동할 때, 해당 부하 직원은 배신감과 허탈함을 느끼게 된다. 결국, 그 구성원에게 회사에 대한 애착이나 일에 대한 열정은 더 이상 기대하기 힘들어진다.

더 심각한 문제는 리더에게 느끼는 이러한 배신감이 주위 동료들에게까지도 확산될 수 있다는 점이다. 믿었던 사람에게서 신뢰를 잃었을 경우에는, 주위 동료들에 대해서도 혹시나 배신은 당하지 않을까 하는 두려움을 가질 수 있다. 결과적으로 지식 공유나 협력이 원활히 이루어지지 않게 된다.

● **지나치게 일, 성과 중심으로만 움직이는 리더 (Imbalance)**

지나치게 일이나 성과 중심으로만 관리하고 통제하는 일벌레형 리더가 여기에 해당된다. 부하 직원들의 감정을 파악하고, 이를 치유해 주는 리더십을 발휘하기보다는, 오로지 회사 업무 중심으로만 생각하고 행동하는 리더십이다.

이 유형의 리더들은 업무 중심으로만 팀이나 조직을 이끌어 가려고 노력하기 때문에, 높은 성과 목표를 부여하고 그 결과만 통제하는 경우가 많다. 또는 아주 세세히 부하 직원의 일을 관리함으로써 구성원들의 창의성 발휘에 장애가 되거나, 구성원들의 일에 대한 열정 혹은 주도성을 빼앗기도 한다.

이러한 리더 밑에 있는 구성원들은 '이런, 숨쉴 수가 없어. 항상 우리를 감시해.'라고 생각하게 되고, 이로 인해 스트레스와 짜증을 받게 된다. 이런 상황에서도 리더들은 구성원들의 네거티브 감성을 이해하지 못하고 '내가 다 알아서 챙겨 주는데, 왜 불만인가?'라고 생각하곤 한다.

언젠가 온라인 취업포털 잡링크가 약 2천여 명의 직장인을 대상으로 한 설문 결과를 보면, '업무 부담감과 계속되는 야근'이 직장인 스트레스의 1순위인 것으로 나타났다. 이처럼 너무 일 중심으로 관리할 경우, 구성원들은 회사와 개인적 삶 간에 균형을 잃게 될 수도 있다. 성과 달성을 위해 회사에서만 생활하다 보니, 가정에 소홀해지고, 개인적으로는 업무 과부하로 몸과 마음이 피로해지고 황폐해지게 된다.

● 감성 핸들러로서 리더십 발휘가 필요

구성원들의 포지티브 감성 함양을 위해서는 구성원들과 항상 곁에 있으면서 생활하는 상사들이 감성 핸들러(Emotion Handler) 역할을 수행해야 한다. 구성원들의 감성적 웰빙(Well-Being)에 대해 진심으로 관심을 갖고, 그들이 갖고 있는 심리 상태(우울함이나 어려움 등)를 정확히 파악하면서 적기에 대처하는 노력을 기울여야 한다.

'마음이 깨지면, 머리가 작동하지 않는다.'라는 말이 있다. 구성원의 이러한 감성적 문제를 제때 해결해 주지 않으면, 조직 분위기가 침체되고 업무 성과가 저하되기 때문에 리더들은 부하의 감성적 문제에 관심을 기울여야 한다. 구성원들이 상처받고 아픈 마음을 다지고 빨리 균형을 회복하여 열정적으로 일할 수 있도록 유도하는 리더십이 필요하다.

이를 위해서는 첫째, 구성원의 고충을 진지하게 들어 주는 경청의 자세를 가져야 한다. 예컨대, 불만이나 고통을 겪고 있는 부하 직원이 찾아오면, 단순히 많은 말을 하기보다는 의자를 끌어다 준다든지, 그 사람의 눈을 바라보며 듣고 고개를 끄덕여 주는 것만으로도 리더가 자신의 이야기를 듣고 이해하려고 노력하고 있다고 생각할 수 있다.

둘째, 대화 도중에 구성원에 대한 리더의 감정을 적극적으로 드러내야 한다. 좋아하는 감정, 신뢰하는 감정, 존중한다는 감정 등 자신의 따뜻한 마음을 구성원들에게 보여 줘야 상호 감성적 교감을 형성할 수 있다.

셋째, 숨 쉴 공간(Breathing Room)과 시간을 주어야 한다. 지나치게 높은 성과나 마감일 준수를 요구하기보다는, 다소 평범한 일을 부여하거나 휴가를 줌으로써 구성원들이 잠시 여유를 갖고 자신의 생활의 균형을 회복할 수 있는 기회를 주는 것이다.

한 예로, 크래프트 푸드(Kraft Food)사는 구성원들이 점심이나 차를 마시면서 책을 읽거나 휴식을 취하는 크래프트 플랙스 프로그램(Kraft Flex Program)이라는 제도를 실행하고 있다. 이는 독서를 통한 자기 개발을 가능케 함은 물론 업무상 스트레스를 줄여 줌으로써 생산성을 높이는 효과를 거두고 있다.

위대한 리더와 긍정의 힘

✦
✦

위대한 리더 앞에서 우리의 마음은 쉽게 움직인다. 그들은 우리의 열정에 불을 붙이고 우리가 가지고 있는 최고의 것을 끄집어낸다. 그 거역할 수 없는 힘의 근원에 대해 사람들은 전략이니 비전이니 또는 사상이니 하는 것들을 들먹이지만, 실제로 그 힘의 실체는 보다 깊은 데 있다. 위대한 리더는 그의 '감성'을 통해 지도력을 행사하는 것이다.

● 리더의 언행이 감성에 미치는 영향력

영국의 BBC 방송의 뉴스국은 원래 시험 삼아 개설되었는데, 차츰 규모가 확장되어 어느덧 200여 명의 기자와 편집자들을 거느리게 되었다. 그러나 경제 상황이 악화되자 경영진은 결국 뉴스국을 폐쇄하기로 결정하고 말았다.

경영진의 결정을 전달하기 위해 간부가 파견되었는데, 그는 처음 이야기를 시작할 때부터 경쟁사는 잘하고 있다는 둥 직원들을 자극하는 소리만 하다가 뉴스국을 폐지하기로 했다는 소식을 전했다. 뉴스국 직원들은 경영진뿐만 아니라, 그 소식을 전달한 사람에게도 격분했고, 분위기가 어찌나 살벌했던지 간부가 뉴스국을 빠져나오기 위해서는 경비를 불러야 했다.

다음 날, 다른 간부가 다시 뉴스국을 찾았다. 그는 허심탄회하게 사회에 미치는 언론의 영향력의 중요성을 언급하면서, 이제 모두가 최전선에 나서야 한다고 말했다. 그는 경제 불황과 함께 언론인의 위치가 최저 수준으로 곤두박질쳤지만, 뉴스국 직원들에게 언론의 공익성을 향한 열정과 헌신의 마음을 간직하라고 당부하면서 이야기를 마무리했다. 간부가 이야기를 마치자 직원들은 환호를 보냈다.

위의 이야기에서 두 간부는 경영진의 의사를 전달하는 과정에서 감정과 어조에 큰 차이가 있었다. 한 사람은 사람들 사이에 적대감과 반발심을 불러일으켰고, 다른 사람은 어려움 속에서도 희망과 감동을 느끼도록 만들었다. 이 일화는 리더십에 있어서 '드러나지 않은 매우 중요한 차원'을 보여 준다. 그것은 리더의 언행이 감성에 미치는 영향력을 말한다.

● 감성 지능이 높은 리더의 중요성

리더라는 존재는 원래부터 사람들의 감정에 큰 영향을 미쳐왔다. 초기 인류의 리더들인 부족장이나 주술사들이 많은 영역에서 자신들의 입지를 확보할 수 있었던 까닭은 그들의 지도력이 감성적 차원에서 권위를 갖고 있었기 때문이다. 동서고금을 막론하고 어떤 집단에서든 모름지기 리더란 불안하거나 위협적인 상황에서, 혹은 수행해야 할 과업이 있을 때 사람들에게 확신과 명쾌함을 주는 존재들이었다. 리더란 이처럼 집단의 감성을 이끌고 가는 존재이다.

한편, 감성은 전염되는 성질을 가지고 있다. 많은 연구 결과가 사람들이 설사 언어에 의한 교류를 완전히 배제한다 할지라도 서로 끌리는 감정을 느끼는 상황에서는 마치 봇물이 터진 것처럼 감성이 퍼져 나가는 것을 보여 주었다. 가령 서로 모르는 세 사람이 몇 분간 말없이 마주 앉아 있어도, 그중에서 가장 감정 표현이 풍부한 사람이 다른 두 사람에게 자신의 감정을 전염시키게 된다.

재능 있는 사람들은 즐거움을 만끽하며 일하기 위해 감성지능이 높은 리더에게 몰려드는 경향이 있다. 기분이 좋으면 최선을 다해 일에 집중할 수 있다. 즐거운 기분은 윤활유와도 같아서 정신 활동의 능률을 높이고 정보 판단을 잘할 수 있게 해 주며, 사고의 유연성을 증가시키는 작용과 더불어 복잡한 판단을 내릴 때 중요한 원칙들을 제대로 활용할 수 있게 해 준다.

● 긍정의 기분이 성공을 좌우한다

마음이 즐거우면 다른 사람이나 사물을 긍정적인 관점에서 바라보게 된다. 그것은 다시 그 사람에게 무엇이든 해낼 수 있다는 더 큰 자신감을 안겨 주고 창의성과 판단력을 키워 주며, 뭔가 도움이 되고자 하는 마음을 갖도록 하는 것이다.

팀 단위의 활동에서는 즐거운 기분이 특히 더 중요하다는 것이 확인되었다. 리더가 팀의 분위기를 열정적이고 협조적으로 만들 수 있느냐 없느냐에 성공의 여부가 달려 있다. 집단 내에서 정서적 갈등이 일어나 각자가 맡은 일에 집중할 수 없게 되면 업무 처리는 난항을 거듭할 수밖에 없다.

결론적으로 말하자면, 리더의 감성과 행동이 그를 따르는 사람들의 감정과 행동에 그대로 영향을 미친다는 것이다. 리더가 자신의 감정을 잘 다스리고 다른 사람의 감정에 긍정적인 영향을 주는 것은 단순히 개인의 문제가 아니라 사업의 성공 여부를 좌우하는 요인으로 작용한다.

감성을 소중히 여기는 경영 철학

경영진은 기업 경영에 있어서 최종적인 성과도 중요하지만, 그 성과 달성의 기본 요체인 '사람이 먼저'라는 경영 철학을 가지고 있어야 한다. 일류 기업들의 경영 철학들을 보면, 감성을 강조하는 문구를 종종 볼 수 있는데, 이는 구성원들이 회사에서 느끼는 감성에서부터 세심하게 배려하고 있음을 보여 주는 것이라 할 수 있다.

가족 같은 문화 조성에 앞장서고 있는 사우스웨스트항공(Southwest Airlines)사의 CEO인 허브 켈러허(Herb Kellerher) 회장은 "직원의 근심거리가 생겼을 때는 즉각적으로 도와줘라."라고 말하면서 구성원들의 감성 관리를 강조한 바 있다. 또한, 사장이자 COO인 콜린 바렛(Colleen Barrett)은 이혼 또는 자녀 양육 관련 소송에 얽혀 있던 직원을 자신의 돈으로 즉시 지원하였다고 한다.

국내에서도 직원들의 감성을 자극하여 기업 문화에 활기를 불어넣으려는 기업들이 증가하고 있다. 야외(식당, 찜질방 등)

에서 경영진과 넥타이를 풀고 허심탄회하게 대화할 수 있는 시
간을 갖거나, 매달 1회씩 영화나 뮤지컬을 감상하는 날을 제정
하거나, 가족과의 여행을 지원하는 등이 그것이다.

그러나 이러한 제도가 형식에 그쳐서는 곤란할 것이다. 리더
들은 머리가 아닌 가슴으로 현장 구성원들에게 다가가, 그들이
느끼는 감성을 함께 체험하고 챙겨 주는 리더십을 실천하는 자
세를 먼저 견지해야 할 것이다.

● 웅진그룹의 '사랑 경영'

웅진그룹 창업주인 윤석금(尹錫金) 회장은 감동 경영을 '사랑
경영'이라는 말로 바꿔 쓴다. 학습지 시장을 평정하면서 성장한
웅진그룹은 식음료, 정수기, 비데 등 전방위적으로 사업 범위
를 넓혀 연 1조 8,000억 원의 매출을 올리고 있는 중견 그룹이
다. 그는 언젠가 이런 고백을 한 적이 있다.

"이성이 됐든 동료가 됐든, 사람은 누군가를 사랑할 때 살아
가는 기쁨을 맛보고, 사랑하는 사람과 함께 있을 때 인생의 행
복을 느낀다."

윤 회장은 어떻게 하면 직원들이 열심히 일할 수 있는 환경을
만들 수 있을까를 고민했다. 그래서 생각하게 된 것 중 하나가
바로 '사랑'이다. 한국인에게는 신기가 있어서 신이 날 때는 자

신이 가진 능력의 몇 배를 발휘한다는 것이 윤 회장의 경영 철학이다. 반대로 기분이 언짢으면 맡은 일을 제대로 못할 뿐만 아니라 남에게도 큰 손해를 끼치게 된다는 것이다.

윤 회장은 직원들의 신기를 불러일으키기 위해 서로 사랑하는 기업 문화를 만드는 데 주력했다. 그렇게 해서 만든 슬로건이 '또또사랑'이다. 또또사랑이란 '사랑하고, 또 사랑하고, 또또 사랑하는 마음'이라고 한다. 그는 "지식보다 중요한 것은 사람의 살아 있는 기운이며 이를 북돋워 주는 것이 경영자의 역할"이라고 말한다. 또또사랑은 여섯 가지 사랑을 의미하는데, 그 여섯 가지를 알아보면 다음과 같다.

- 일에 대한 사랑: 자신의 업무에 대한 열정과 긍정적인 태도를 가지고 일하는 것을 중요하게 생각한다.
- 변화에 대한 사랑: 변화를 두려워하지 않고 끊임없이 혁신하고 성장하려는 의지를 강조한다.
- 사회에 대한 사랑: 사회에 공헌하고 더 나은 세상을 만들고자 하는 사회적 책임을 다하는 것을 의미한다.
- 조직에 대한 사랑: 함께 일하는 동료와 조직을 사랑하고 협력하며 공정한 문화를 만드는 것을 지향한다.
- 도전에 대한 사랑: 현실에 안주하지 않고 끊임없이 새로운 목표

와 도전을 추구하는 정신을 강조한다.

- 고객에 대한 사랑: 고객을 최우선으로 생각하며 고객 만족을 위
한 서비스와 가치를 제공하는 것을 핵심으로 한다.

이러한 사랑 경영은 단순히 기업의 이윤 추구를 넘어 사람과 사람에 대한 깊은 이해와 존중을 바탕으로 지속 가능한 발전을 추구하는 경영 방향을 보여 주고 있다.

● 평범한 사람을 위인으로 만드는 경영 철학

윤 회장은 회사에 출근하면 직원들의 표정부터 훑어본다. 그들의 낯빛을 보면 걱정이 있는지 혹은 좋은 일이 있는지 대번에 안다. 그중에 좀 시무룩한 표정을 하고 있는 직원이 있으면 윤 회장은 그 직원을 오전 11시에 서울 남대문의 한 대중목욕탕으로 불러낸다. 서로 때를 밀어 주면서 이런저런 얘기를 한 뒤 1,000원짜리 된장찌개를 함께 먹고 돌아온다.

윤 회장의 경험으로는 자신과 때를 함께 민 직원은 성과가 눈에 띄게 좋아졌다고 한다. 이런 이유로 윤 회장은 임원이든 갓 입사한 신입사원이든 자신의 방, 혹은 목욕탕으로 불러 허심탄회하게 얘기를 듣는 경영자로 잘 알려져 있다.

윤 회장의 리더십은 평범한 사람을 위인으로 만드는 능력이

다. 그는 지난해 전국경제인연합회가 마련한 강연에서 독특한 위인전기를 출판해 성공한 비결과 경영 철학을 재미있게 소개했다.

"기존의 위인전을 살펴보자. 위인전에 실린 위인, 열사들은 하나같이 너무 잘생겼다. 미남이 아니면 위인이 될 수 없단 말인가. 또 대개 어릴 때부터 천재적 능력을 발휘했다는데, 그렇다면 위인은 태어나면서부터 만들어지는 것인가. 단칼에 사람의 목을 베는 장군이 아이들 교육에 과연 좋은 것인가. 그래서 웅진은 평범한 얼굴의 위인을 그려 갔고, 천재가 아닌 사람의 성장 과정과 노력을 찾았다. 장군, 정치가, 열사(烈士)가 아니라 분야별 전문가를 위인으로 발굴했다. 유능한 직원을 발굴해 성장시키는 것도 같은 방법이다. 본래 유능한 직원은 없다. 저마다의 독특한 소질을 경영자가 발견해 주고 격려해 주면 유능하게 된다."

창의적이고 유머 감각이 있는 리더

21세기 리더의 조건은 유머다. 유머는 리더십을 발휘하게 도와주는 핵심 역량이며, 자신의 실수나 단점을 극복하게 해 주는 힘이 있다. 유머 감각이 리더의 차별성을 나타낸다. 그렇다면 창의적이고 유머 감각이 있는 리더들은 어떠한 특징을 가지고 있을까?

먼저, 의사결정을 하기에 앞서 생각이 경직되어 있지 않고 다양한 것들을 제시하고 그중에서 선택한다. 그리고 자신이 알고 있는 지식뿐 아니라 세상의 어떤 것, 혹은 다른 사람들의 생각들과 연결하면서 시너지 효과를 낸다. 창의적인 아이디어, 비유, 은유의 기술도 생각해 본다. 의사결정을 주어진 범위 내에서 신중하면서도 빠르게 하고, 언제든지 조정할 수 있는 유연한 사고를 한다.

● 서비스형 리더십

얼마 전 한 인터넷 사이트가 재미있는 조사를 진행했다. 전국의 아르바이트생 1,107명을 대상으로 '만약 우리 사장님이 된다면 가장 좋을 것 같은 연예인'을 고르라는 질문이었다. 이 조사에서 최고의 사장님 감으로 꼽힌 사람은 다름 아닌 유재석 (34.7%)이었다.

본인이 원하든 원치 않든 유재석은 이미 '리더'다. 시청자에게, 연예계 선후배에게, 그리고 기업의 말단 직원들에게 그는 특유의 '무언가'로 그를 따르게 만들고 있다. 대선주자로 나선 박근혜 전 한나라당 대표마저 그의 리더십을 "정치인들이 배워야 할 리더십"이라며 찬사를 보냈다.

본인의 말을 빌리자면 "큰 특징이 없는 게 특징"이라는 그의 리더십은 과연 어디서 나올까. 수원대 경상학부 우** 교수는 그를 조직 위에 군림하는 리더십이 아니라 조직 내부에서 자발적으로 형성되는 리더십, 조직원들에게 동기를 부여하고 그들의 성공을 지원하는 데 역점을 두는 '서비스형 리더십'의 전형으로 평가했다.

● 서비스형 리더십의 핵심은 바로 '겸손'이다

겸손의 리더십에서 가장 중요한 것은 배려와 친절, 그리고 나눔이며 "특히 남에 대한 배려는 그 자신이 스마트함을 갖지 않으면 안 된다."고 강조했다. 남의 가려운 곳을 정확히 감지해

시원스레 긁어 줘야 하는 '배려'라는 덕목은 그저 '착하기만' 하다고 되는 게 아니라는 뜻이다.

● 뒤처지는 인물이 있다면 격려하거나 조언한다

'어리바리 캐릭터'로 성공한 가수 김종민은 한 인터뷰에서 연예 오락 프로그램에 나오기 시작했을 무렵 난감했던 속내를 꺼내 놓았다. 그는 "방송 처음엔 언제 말을 해야 될지도 모르겠고 뭐가 뭔지 하나도 몰랐다."며 "프로그램 내내 입도 벙긋 못했다."고 했다. 그에게 손을 내민 건 유재석이었다.

그는 "유재석 형이 나를 보듬어 주면서 '말해, 말해… 괜찮으니까 말해, 형이 있으니까 말해.'라며 힘을 줬다. 그래서 그때부터 말을 하기 시작했다."고 회상했다. 용기를 북돋워 주고 편하게 '끼'를 발산하도록 도와줬던 유재석에 대해 김종민은 "내가 방송인 중에서 가장 존경하는 사람"이라며 애정을 숨기지 않았다.

결국 창의적이고 유머 감각이 있는 리더가 되기 위해서는 실력은 기본이고, 친절과 성실함, 겸손함과 배려심이 무기가 되는 셈이다.

리더를 위한 성공적인 유머 노하우

/
/

리더십이라 하면 카리스마가 있어야 하고 힘이 넘쳐야 한다고 생각하는 사람들이 많다. 그러나 요즈음은 사람의 감성을 자극하는 리더십, 유머 리더십이 인기를 끌고 있다. 그렇다면 리더로서 어떠한 노력을 기울여야 조직원들의 감성을 자극하고 유머로써 기업을 성공적으로 이끌 수 있을까?

● 재미나는 이벤트를 조직에 만들어라

유머는 재미나는 상황 속에 자신을 몰아넣고 웃음 지을 수 있는 여유를 갖는 데서 발생한다. 과거의 재미있었던 유머를 기억하고 웃어 보는 것도 좋은 방법인데, 조직에 이러한 향수를 불러올 수 있는 이벤트를 회식 대신에 가끔 만들어 본다.

● 웃음도 연습이다

유머는 웃음을 끌어내는 일이다. 그러기 위해서는 나부터 먼저 웃을 수 있는 능력과 표정 관리가 중요하다.

● 따뜻한 마음으로 직원들을 바라보라

조직원이 웃어야 생산성이 올라간다. 억지로가 아닌 직원의 입장이 되어 이해하려는 마음과 직원을 아끼는 따뜻한 마음으로 바라보라. 그러려면 내가 먼저 스트레스를 줄이고 웃으려는 준비가 되어 있어야 한다.

● 유머를 수집하고 암기하라

재미나는 이야기를 수집하고 이를 나만의 유머로 만들어 나간다. 그리고 남에게서 들은 유머를 노트하여 수시로 읽어 보고 실제 상황에 적용해 본다.

● 하루에 한 번 이상 유머 사이트에 접속하라

타고나는 유머 리더는 없다. 학습과 노력에 의해 충분히 유머 리더가 될 수 있다. 유머가 경쟁력인 만큼 꾸준한 학습이 요구된다.

● 다른 사람의 유머에 많이 웃어라

재미있는 사람과 어울리다 보면, 나도 모르는 사이 유머를 빨리 알아듣게 되고 어느새 순발력도 생기게 된다.

● 유머 쪽지를 늘 소지하라

특히 모임이나 회의에 참석할 때는 반드시 유머 쪽지를 갖고 나가라. 유머 있는 사람이 모임이나 회의를 리드해 나갈 수 있다. 그리고 유머러스한 사람 주변에 항상 사람들이 모여들게 마련이다. 유머는 자신의 존재 가치를 두 배로 높일 수 있는 비결이다.

● 항상 20개 이상의 유머를 외워라

언제 어느 상황에서도 유용하게 쓸 수 있는 유머나 건배사 20가지는 필수다. 가능하면 최근의 유머를 외우고 가장 좋은 방법은 사용해 보는 것이다. 자칫 오래된 유머는 썰렁함을 줄 수 있음을 명심하라.

● 마음속의 스트레스를 몰아내라

스트레스는 건강의 적인 동시에 분위기를 망치는 적이다. 유머 있는 리더의 공통점은 스트레스를 나름대로 관리할 수 있다는 것이다. 유머 있는 사람에겐 적이 없다는 것을 기억하라.

● 그냥 웃어라

그럼에도 불구하고 웃어라. 상황이 달라지지 않는다면 내가 달라지면 된다. 웃으면 건강하기라도 한다. 웃어라. 머리 아프다 하지 말고 그냥 웃어라.

● 독서를 게을리하지 마라

유머는 순간적인 기지와 순발력이 생명이다. 평소에 다독하는 습관이 유머 리더를 만들어 준다. 가능하면 재미있는 글이나 난센스, 건배사 등을 자주 접해 보자.

품위 있는 유머는 리더의 필수 조건

"손은 브레이크(골절)됐지만 공식 일정과 행사는 하나도 브레이크(중단)되지 않고 있어요."

UN 전(前) 반기문 사무총장이 자신의 부상마저 특유의 유머 감각으로 포장해 좌중을 웃겼다. 반기문 총장은 뉴욕총영사관에서 열린 '2기 임기 성원의 밤'에서 깁스한 왼손을 보여주며,

"아내는 늘 나보고 브레이크(휴식)를 가지라고 성화였지만 이런 브레이크(골절)를 의미한 건 아니었다."

라고 말해 참가자들을 폭소케 했다.

이 같은 리더의 유머 감각은 조직원들에게 큰 에너지와 영향을 준다. 어떤 자리에서 리더가 되고자 한다면 유머 감각은 이제 필수가 되었다.

갈수록 치열해지는 경쟁 사회에서 누군가를 설득시키고 마음을 열게 한다는 것은 전문 지식이나 틀에 박힌 행동만으로는 불가능하다. 최고경영자 75% 이상이 "유머가 없는 사람보다 유

머가 풍부한 사람을 우선적으로 채용하고 싶다."는 항목에 동의했다. "유머를 잘 구사하는 직원이 그렇지 않은 직원보다 일을 더 잘한다고 믿는다."는 항목에서도 57%가 동의했다.

유머는 실수나 비판이나 공격적인 상황을 더 당당하며 멋진 이미지로 커버할 수 있는 최고의 기술이다. 유머러스한 표현은 가장 효과적인 동기 부여가 되고, 가장 부작용이 적은 비판이 되고, 가장 빠른 갈등 해법이다. 거의 대부분의 상황에도 통하는 만병통치의 명약이 유머다. 이 유머를 잘 활용하고 익힌다면, 그만큼 사람 사이의 관계를 잘 이어 가는 최고의 기술을 가지고 있는 셈이다.

✳ 직원에게 책임을 묻지 않은 록펠러

회사가 큰 손실을 입었는데, 기획을 추천했던 직원들은 사장이 자신들에게 불호령을 내릴 것이라 걱정하였다.

그중 책임자가 사표를 낼 것을 각오하고 사장실을 찾았다. 긴장을 하고 방문했는데 의외로 사장의 얼굴은 평온했고, 책상에 앉아 무언가 적고 있었다.

"사장님, 죄송합니다. 엄청난 손실이 난 것은 저희 때문입니다."

직원은 불호령이 떨어질 것을 각오하고 있었다.

그런데 사장은 껄껄 웃더니 적고 있던 종이를 건넸다. 거기에는 회사의 손실에 관련되어 있는 직원들의 이름과, 그들이 그동안 얼마나 열심히 회사를 위해 노력했는지, 지금까지 어떤 성공적인 기획을 해 왔는지가 빼곡히 적혀 있었다.

"누군가에게 화낼 정도로 상황이 좋지 않으면, 그가 어떤 일을 해 왔는지도 다 잊고 함부로 대하게 되지. 한순간의 분노가 유능한 사람 들을 잃게 할 수 있어. 난 직원들이 이제까지 얼마나 노력해 왔는지를 잊을 만큼 어리석은 사람이 아닐세."

이 사장이 훗날 세계 최고의 부를 쌓게 된 록펠러이다.

❊ 카네기의 위기관리 비결

카네기에게 참을 수 없는 욕과 저주를 퍼붓는 여자가 있었다. 그런데 카네기는 그저 온화한 미소를 지으며 조용히 듣고만 있는 게 아닌가!

옆에 있던 친구가 물었다.

"자네, 이런 말을 듣고도 참을 수 있는 비결이 뭔가?"

"이 여자가 내 아내가 아니라는 것이 얼마나 감사한지. 그것을 생각 하고 있었다네."

❊ 김수환 추기경의 두 개의 언어

김수환 추기경이 외국인들과 이야기를 하시는 것을 본 신부가,

"추기경님께서는 몇 개의 말을 할 수 있습니까?"

하고 물었다.

신부의 물음에 김수환 추기경은,

"나는 두 개의 말을 잘하는데, 그 말이 무엇일까?"

그러자 같이 있던 국장 신부들이 대답했다.

"추기경님께서 독일에서 유학을 하셨으니 독일어를 잘하실 거 같습니다."

"추기경님께서는 일제 강점기를 사셨으니 일본어를 잘하실 것 같습니다."

그런 국장 신부들의 대답에 추기경은 고개를 좌우로 흔들며,

"둘 다 아닙니다. 저는 두 가지 말을 잘하는데 그게 뭐냐면 하나는 거짓말이고 다른 하나는 참말입니다."

✳ 통사 김지영의 허풍

대원군 때 청나라에서 사신이 왔는데, 통사 김지영이 사신을 맞이하여 서울 이곳저곳을 구경시키고 있었다.

경복궁에 이르자 사신이 물었다.

"이 궁전을 짓는 데 얼마나 걸렸소?"

"글쎄요, 한 3년은 걸렸을 것입니다."

김지영의 말에 청나라 사신은 헛기침을 하면서 말했다.

"저 정도는 우리 청나라에서는 1년이면 충분한데."

창덕궁 앞에 이르자 또 물었다.

"이 창덕궁은 짓는 데 얼마나 걸렸습니까?"

"한 1년 걸렸을 것입니다."

"1년?! 우리 청에서는 석 달이면 충분할걸요?."

청의 사신 허풍에 김지영은 은근히 부아가 치밀었다. 남대문에 이르러 김지영은 고개를 갸우뚱하며 사신이 들을 정도의 큰 소리로,

"어? 거 참 이상하네! 이 문은 어제 아침까지만 해도 분명 여기 없었는데 언제 세웠을까?"

✳ 장난을 유머로 받아친 마크 트웨인

소설가인 마크 트웨인의 친구가 하숙집 주인아주머니와 짜고 그에게 장난을 친 적이 있었다. 두 사람이 트웨인을 위해 칠면조 요리를 만들어 내놓았는데, 나무를 깎아 실물과 똑같이 흉내를 낸 그 칠면조 요리에는 소스까지 쳐 있었다.

그런데 사정을 알 리 없는 마크 트웨인이 요리가 나오자마자 나이프와 포크를 칠면조에 대고 자르는 시늉을 하면서 하숙집 아주머니에게 인사를 이렇게 건네는 것이었다.

"고마워요, 아주머니. 이 칠면조 고기는 지금까지 제가 아주머니 댁에서 먹은 것 중에서 제일 연한 고기네요."

✳ 케네디의 임기응변

케네디 대통령이 베르난 산장에서 아야브 칸 파키스탄 대통령의 예방을 받고 환담했다.

내무장관 우달(Udall)이 아야브 대통령의 딸과 얘기를 나누면서 그는 언젠가 파키스탄에 있는 어떤 산에 가 본 일이 있다고 말했다. 그런데 불행하게도 우달 장관이 실수를 하고 말았다.

케네디는 실수를 알아차리고 당황해 하는 장관을 임기응변으로 구해 주었다.

"아가씨, 그래서 나는 내무장관을 어달(A dull: 우둔한) 장관이라고 부른답니다."

✳ 이상재 선생의 속 시원한 유머

월남 이상재 선생의 손자가 배재학당을 졸업하던 날, 조선인 관리가 일본 총독과 도지사의 축사를 대독했다. 그 모습을 보며 비위가 상한 이상재 선생은 자신이 축사할 차례가 되자 마음속에 있던 첫마디를 토해 냈다.

"여러분, 여러분은 조선말을 할 줄 아십니까?"

그러자 장내에서 폭소가 터졌다. 조선 사람들에게 조선말을 할 줄 아느냐고 묻는 의도를 청중들은 벌써 짐작했던 것이다.

"나는 일본말을 통 모릅니다. 그래서 조선말로 몇 마디 하겠으니 양

해해 주시기 바랍니다."

졸업식장은 청중들의 박장대소로 떠나갈 듯 소란해졌다. 그 속에서 웃지도 못하고 그렇다고 박수를 칠 수도 없어 안절부절못한 사람들은 바로 앞서 축사를 대독한 조선인 관리 두 사람이었다.

졸업식장에 참석한 조선인이라면 누구나 두 관리의 행동이 꼴도 보기 싫었겠지만, 그렇다고 밖으로 표현할 수도 없는 상황이었다. 그러나 이상재 선생은 그런 상황을 용납할 수가 없었다.

일본말을 하는 조선 관리의 존재를 철저히 무시하고 부정함으로써 이상재는 청중의 억눌린 웃음을 해방시킴과 동시에 일본이라는 침략자의 존재까지 깨끗이 잊어버리게 하는 이중의효과를 달성하였다.

✳ 재치에 감탄한 흥선대원군

나중에 아들을 왕의 자리(고종)에 올려놓음으로써 대원군이 된 이하응이다. 그에게도 재미있는 이야기가 전해진다.

그가 대원군이 된 지 얼마 안 되어 한 시골의 선비가 그를 찾아왔다. 그는 대원군을 보고 "대감, 문안드리옵니다."라고 하며 절을 했다.

그런데 대원군이 가만히 있자, 그가 못 들은 줄 알고 다시 한 번 절을 했다. 그러자 대원군이 갑자기 "예끼 이 사람! 내가 죽었는가?"라며 화를 냈다. 원래 죽은 사람에게나 절을 두 번 하는 것이기 때문이다.

그러자 선비는 "아닙니다. 먼젓번 인사는 문안 인사이고 마지막 인사는 하직 인사이옵니다."라고 재치 있게 말했다. 그러자 대원군은 그 선비의 재치에 감탄하여 잘 대접해서 보낸 후 나중에 벼슬자리를 주었다고 한다.

✱ 고통 속에서도 놓지 않는 레이건의 농담

레이건 대통령이 저격을 받고 중상을 입었을 때, 전국이 불안에 휩싸였다. 그때 레이건은 극심한 고통 속에서도 전혀 여유를 잃지 않고 유머를 구사했다.

응급차가 달려오고 간호사들이 지혈을 하기 위해 레이건의 몸을 만지기 시작했다. 그러자 그 아픈 와중에도 레이건은 미소를 잃지 않고 간호사들에게 이렇게 농담을 했다.

"우리 낸시에게 허락을 받았나? 낸시는 내가 이러고 있을 줄 꿈에도 모르겠지."

✱ 비난을 피해 간 링컨의 유머 감각

링컨이 대통령의 시절에 한 야당 의원이 의회에서 링컨을 두 얼굴을 지닌 이중인격자라고 사정없이 공격해 댔다. 이에 링컨이 대답했다.

"내가 두 얼굴을 가졌다면 하필이면 이 못난 얼굴을 들고 여기 나왔 겠습니까?"

이 한마디로 링컨은 야당과 언론의 비판을 피해 갈 수 있었다.

✳ 철의 여인 대처의 유머

그렇게 딱딱해 보이는 '철의 여인' 대처 총리도 600명의 지도자들이 모인 한 만찬장에서 조크 한마디로 관중을 웃음바다로 만들었다고 한다.

"난리를 치며 우는 건 수탉일지 몰라도 알을 낳는 건 암탉입니다."

✳ 먼데일의 비난 속에 빛난 레이건의 유머

1894년 대통령으로 재선에 도전한 레이건은 73세의 고령인 것을 항상 문제 삼았다. 경쟁자인 먼데일 민주당 후보가 TV 토론에서,

"대통령의 나이에 대해서 어떻게 생각하십니까?"

"나는 이번 선거에서 나이를 문제 삼을 생각 없습니다."

"그게 무슨 뜻입니까?"

"당신이 너무 젊고 경험이 없다는 사실을 정치적 목적으로 이용하지 않겠다는 뜻입니다."

모든 청중이 박장대소했다. 먼데일은 결국 함께 웃었고, 그 후론 다시는 나이를 가지고 문제 삼지 못했다.

✳ 찰리 채플린도 웃긴 처칠의 유머 감각

처칠은 미국을 여행하던 중에 할리우드에서 찰리 채플린을 만나 대화를 나누게 된다.

처칠은 채플린에게 다음에는 어떤 영화에 출연하고 싶은지 물었다.

심각한 표정을 지은 채플린은 이렇게 대답했다.

"예수 그리스도 역할을 하고 싶습니다."

처칠은 그에게 되물었다.

"저작권은 확보해 두셨습니까?"

✳ 빌 클린턴의 어머니가 가르쳐 준 것

미국의 빌 클린턴 전 대통령의 어머니인 버지니아 클린턴 캘리는 5번이나 결혼할 정도로 불행한 여자였으나 정이 많고 관대하고 유머가 넘쳤다. 그녀는 간혹 의붓아버지가 아들을 때리면 맞서 싸우며 자식을 보호했다. 그런 여건 속에서도 아들에게 3가지를 가르치며 인생의 어려움을 극복하도록 했다.

"절대 포기하지 마라. 항복하지도 마라. 웃는 걸 두려워하지 마라."

✳ 존 F. 케네디의 응수

대통령 취임식 만찬장에서 한 기자가 존 F. 케네디 대통령에게 언짢은 질문을 던졌다.

"젊은 후보께서 왜 나이 많은 존슨을 러닝메이트로 골랐습니까?"

그러자 케네디 대통령은 의아한 듯 큰 소리로 말했다.

"아! 그거요. 내가 콧물을 질질 흘릴 만큼 아직도 어려서 나이 많은 보호자가 아니면 비행기도 못 탈까 봐 나이 많은 존슨을 택했소. 그게 뭐가 잘못되었나요?"

❋ 마크 트웨인의 풍자

마크 트웨인이 어느 날 신문기자로부터 국회의원의 도덕성에 대한 질문을 받았다. 그는 풍자를 섞어 말했다.

"국회의원 아무개는 개새끼다."

며칠 후 일간지에 이 말이 기사화되었고, 미국 국회는 마크 트웨인에게 사과문을 개재하라고 결의했다. 그는 하는 수 없이 '뉴욕 타임즈'에 다음과 같은 사과문을 실었다.

"얼마 전 내가 한 말은 근거도 없고 사실과 맞지 않아서 다음과 같이 정정합니다. 미국 국회의원 아무개는 개새끼가 아니다."

❋ 체포되는 순간에도 빛난 간디의 유머

간디가 남아프리카에서 비폭력 불복종 운동을 벌이고 있을 때이다.

어느 날 백인 판사가 간디를 찾아왔다. 그러고는 간디에게 체포 영장을 내밀며 체포하겠다고 하였다.

하지만 간디는 그저 태연한 모습으로 웃으며 대답했다.

"아. 내가 어느새 승진을 했나 보군요. 저번에는 저를 잡으러 순경을 보내더니 이번에는 직접 판사께서 오셨네."

뛰어난 유머 감각의 소유자, 처칠의 유머

2002년 BBC에서 설문 조사한 가장 위대한 영국인 중에 셰익스피어, 뉴턴, 엘리자베스 1세를 뛰어넘는 가장 위대한 인물로 선정된 이가 있다. 바로 윈스턴 처칠 경(Sir Winston Leonard Spencer-Churchill, 1874~1965).

영국의 전 총리(2회), 노벨 문학상 수상자, 작가였던 그는 20세기 영국 정치사에서 유일한 귀족 혈통의 총리였다. 나비넥타이와 시가는 그의 상징이었다(어느 순간부터 그는 시가를 피지 않고, 의회에서 언론이 사진을 찍을 때만 시가를 입에 물어 카리스마 있는 모습으로 보였다고 한다).

160cm를 겨우 넘는 단신에 뚱뚱한 대머리, 그리고 일그러진 인상에 등은 굽어 있고, 목은 거의 안 보이며, 입술은 너무 얇아 없는 듯 보였다. 이러한 비호감 인상을 가진 그가 어떻게 가장 위대한 인물로 선정된 것일까?

그는 본래 사치를 하며 고급스러운 생활을 했다. 하지만 그가 귀족이었고 물려받은 재산이 많아서가 아니었다. 명망 높은 귀족 가문의 자제였지만 유산은 거의 없었다. 학교에서도 낙제할 수준의 처칠은 후에는 노벨문학상을 받을 만큼 뛰어난 작가였기에, 그 인세로 생활이 가능했다.

그리고 그의 유머 감각은, 웃음을 중요하게 여기는 자신의 주관과 오랜 독서의 산물이기도 했다. 욕이었던 V자를 빅토리의 의미로 만들어 낸 처칠, 그의 유머 일화를 들여다보자.

✳ 처칠의 교수형

미국을 방문한 처칠에게 한 여인이 질문을 던졌다.

"연설할 때마다 사람들이 자리가 미어터지게 모여드니 기분이 정말 짜릿하시겠어요?"

처칠은 웃음을 지어 보이며 대답했다.

"물론 기분이 좋습니다. 하지만 내가 이런 정치 연설을 하는 것이 아니라 교수형을 당하는 것이라면 지금보다 최소한 2배 이상의 사람들이 몰려들 것이란 사실을 늘 기억하고 있습니다."

✳ 윈스턴 처칠 불독

어느날 처칠의 비서가 일간신문을 들고 돌아와 처칠 앞에서 그 신문사를 맹비난했다. 처칠을 시가를 문 불독으로 묘사한 만평을 실었기 때문이다.

처칠은 신문을 물끄러미 바라보더니 이렇게 말했다.

"기가 막히게 그렸군. 벽에 있는 내 초상화보다 훨씬 나를 닮았어. 당장 초상화를 떼어 버리고 이 그림을 오려 붙이도록 하게."

✳ 난감한 노출 상황

2차 대전 초기 루즈벨트 대통령을 만나러 미국으로 건너간 처칠. 숙소인 호텔에서 목욕을 한 뒤 허리에 수건을 두르고 있는데, 갑자기 루즈벨트 대통령이 나타났다. 그때 공교롭게도 허리에 감고 있던 수건이 스르르 내려갔다.

정장의 루즈벨트를 향해 처칠은 어색한 분위기를 완벽하게 전환 시킨다. 양팔을 넓게 벌리며 이렇게 말했다.

"보시다시피 영국은 미국과 미국 대통령에게 아무것도 감추는 것이 없습니다."

✳ 나도 나이가…

처칠이 정계에서 은퇴한 후, 80이 넘어 한 파티에 참석하게 되었다. 처칠의 젊은 시절 유머 감각을 기억하는 한 부인이 짓궂은 질문을 한다.

"어머 총리님. 남대문이 열렸어요."

일제히 시선이 처칠에게로 향했지만 처칠은 싱긋 웃으며 대답했다.

"걱정하지 마세요, 부인. 이미 '죽은 새'는 새장 문이 열렸다고 해서

밖으로 나올 수 없으니까요."

✳ 죽음도 두렵지 않다!

영국 의회 사상 첫 여성 의원이 된 에스터 부인. 하지만 처칠과는 매우 적대적인 관계였다(처칠은 여성의 참정권을 반대했다).

"내가 만약 당신의 아내라면 서슴지 않고 당신이 마실 커피에 독을 타겠어요."

처칠은 태연히 대답한다.

"내가 만약 당신의 남편이라면 서슴지 않고 그 커피를 마시겠소."

✳ 왕따 처칠

영국이 나은 세계적인 극작가, 버나드 쇼가 처칠에게 연극표 두 장을 건네며 말했다.

"제 연극에 초대합니다. 혹시라도 동행하실 친구분이 계시다면 함께 오십시오."

처칠은 동행할 친구조차 하나 없는 외톨이라는 점을 비꼰 것이다.

이에 처칠이 응수했다.

"첫날은 바쁜 사정으로 어려우니 다음 날 가지요. 연극이 하루 만에 끝나지 않는다면 말입니다."

✳ 부인, 그건 신성모독입니다

한 미모의 여성이 공화당의 남부재건정책을 반대한 사실을 들어 "처칠 의원님! 지금 의원님 앞에 재건(Reconstructed)을 반대한 사람이 있습니다!"라며 처칠의 반응을 살폈다.

처칠은 깊게 팬 그의 가슴을 힐끔 쳐다본 뒤 말했다.

"부인! 부인께서 재건(Reconstruction: 유방 재건 수술)하신다면 그것은 신성모독행위가 될 것 같습니다!"

✳ 다시 한번 넘어지겠습니다!

처칠은 연단 위에 오르려다 넘어져 청중들이 웃자 마이크를 잡고 말했다.

"제가 국민을 웃게 할 수만 있다면 다시 한 번 넘어질 수도 있습니다."

✳ 무거워서…

1940년 첫 임기가 시작되는 날, 연설을 마치고 화장실에서 일을 보는데, 그곳의 직원들은 처칠의 모습에 당황했다.

만세를 하듯 벽에 두 팔을 붙이고 볼일을 보고 있었던 것이다. 깜짝 놀란 그들이 처칠에게 그 이유를 묻자 처칠이 말했다.

"의사가 무거운 것을 절대 들지 말라 했소."

상황별로 유용하게
활용하는 유머집

날씨와 관련된 유머

/

/

날씨와 관련된 유머는 그날그날 사람을 만났을 때 처음 말을 꺼내기 위해 사용하면 효과적이다.

"안녕하세요? 날씨가 새색시 같네요. 부끄러운 듯 햇볕을 얼른 내놓지 못하고 흐린 것을 보면… ."

✳ 해냐 달이냐

대낮부터 술에 취한 두 친구가 함께 걷고 있다가 한 친구가 다른 친구에게 이렇게 말했다.

"멋진 날이야, 저 해 좀 봐."

친구의 그 말에 다른 친구가 코웃음 치며 말했다.

"네 눈에는 저게 해로 보이냐? 저건 달이야."

이렇게 두 친구의 말다툼은 시작되었다. 마침 두 친구 앞을 지나가는 사람이 있어 그 사람에게 물어보았다.

"저기 하늘에서 빛나고 있는 것이 해입니까, 달입니까?"

그러자 길 가는 사람이 대답했다.

"미안합니다, 제가 이 동네에 살고 있지 않아서요."

✳ 낙엽의 속삭임

1편

낙엽이 떨어지네

낙엽을 주워 들었네

낙엽이 속삭이네

"얌마 당장 안 내려놔?"

2편

낙엽을 내려놓았네

그 낙엽이 다시 속삭이네

"쫄았냐? 드응신."

3편

황당해서 하늘을 보았네

하늘이 내게 속삭이네

"눈 깔아, 짜샤!"

4편

하도 열받아 그 낙엽을 발로 차 버렸네

낙엽의 처절한 비명과 들리는 한마디

"저… 저… 그 낙엽 아닌데요."

5편

미안한 마음에 낙엽에게 사과를 하고

돌아선 순간 들리는 한마디

"순진한 놈, 속기는."

사람과 관련된 유머

많은 사람들이 강의, 설교, 발표 등에서 사람들을 즐겁게 할 수 있는가를 묻는다. 사실 강의나 발표 자체가 많은 사람들에게는 두려움의 대상이다. 하지만 조금만 관심을 가지고 노력한다면 어렵기만 한 것은 아니다.

왜냐하면 강의나 발표가 당일 하라고 전해지는 것이 아니라 며칠 여유를 두고 연락이 오거나 준비 기간이 있기 때문이다. 그렇기에 준비만 하면 얼마든지 잘할 수 있다. 즉석 애드리브가 아닌 준비된 애드리브이기 때문이다.

좋은 유머는 집중력을 유발하며, 상대에 대한 호감도를 상승시킨다. 딱딱한 강의에 대해 본능적으로 거부감을 가지고 있는 청중의 관심을 증폭시켜 졸음을 방지하며 나아가 적극적인 참여를 유도할 수 있다.

무엇보다도 웃음과 유머는 즐거움을 공유하는 가장 적극적인 형태이다. 유머로 사람들과 소통하는 방법을 나눠 보자.

✳ 비누 맛

손님 : 주방이 굉장히 깨끗한가 보죠?

식당 지배인 : 감사합니다. 그런데 그것을 어찌 아셨는지요?

손님 : 그릇에서 온통 비누 냄새가 나서 알았죠.

✳ 효용가치

남편 : 내가 함부로 돈을 쓴다고 불평인데, 그렇다고 내가 쓸데없이 사 온 물건이 있으면 말해 봐.

아내 : 저 소화기를 봐요. 2년 전에 사다 놓고 한 번이라도 쓴 적 있냐고요.

✳ 목욕을 해야지

누드모델인 현숙이가 한 미술대학에 일하러 갔다. 몸매에 자신 있던 현숙이는 학생들 앞에서 포즈를 잡고 앉았다. 학생들의 시선이 구석구석을 찌르는 것이 민망해서 시선을 돌리던 현숙이는 깜짝 놀랐다. 남자 교수가 자신을 뚫어지게 쳐다보고 있는 것이 아닌가.

'어휴! 남자는 다 늑대야.'

수업이 끝난 후, 현숙이는 재빨리 옷을 갈아입고 교실을 나섰다. 그때 남자 교수가 현숙이를 불렀다.

"저~."

현숙이가 쌀쌀맞게 물었다.

"무슨 일이죠?"

"저~ 목욕한 지 얼마나 됐지요?"

✳ 상대성 원리

호텔 지배인이 복도를 지나다가 슬픈 얼굴을 하고 있는 구두닦이를 만났다.

"어이, 왜 그리 슬픈 얼굴을 하고 있나? 나도 젊었을 땐 구두닦이를 했었네. 그런데 이렇게 훌륭한 호텔 지배인이 되지 않았나? 이런 것이 자유경쟁 사회의 원리 아닌가?"

구두닦이가 자신 있게 말했다.

"저도 과거엔 큰 호텔의 지배인이었죠. 그런데 지금은 구두를 닦고 있으니 자유경쟁 사회의 모순이죠."

✳ 대위와 중령

대중목욕탕에서 목욕을 하다가 한 남자가 옆에 있는 남자에게 물을 튀게 하였다.

"아이고! 이거 죄송하게 되었습니다."

남자가 얼른 사과했다.

"야, 네가 뭔데 나에게 물을 튀게 하는 거야? 나가서 옷 입고 보자!

그냥 안 둘 테다."

두 사람은 나와서 옷을 입었다. 그런데 옷을 입고 보니 그렇게 의기 양양하던 사람은 대위였고, 반면에 사과하던 사람은 중령 계급을 단 장교였다.

"이거 정말 죄송합니다. 제발 용서를…."

의기양양하던 남자는 손이 발이 되도록 빌었다.

(그러게 왜 옷을 입었어?)

✳ 여자를 침묵시키는 법

어느 아파트 반상회 날, 여자들 사이에 싸움이 벌어졌다. 경비원이 싸움을 말리러 오자, 여자들은 각자 자신의 입장을 밝히기 시작했다. 하지만, 여러 명이 한꺼번에 떠들어 대므로 경비원은 그들의 이야기 를 제대로 알아들을 수 없었다.

참다못한 경비원이 말했다.

"모두가 한꺼번에 말하면 알아들을 수가 없잖아요. 제일 나이 많은 사람부터 이야기해 보세요."

그러자 아무도 이야기를 하려고 하지 않아 싸움은 흐지부지되고 말 았다.

✳ 착각

직장에서 일하는 미자가 모처럼 목사님을 만났다.

"어머, 목사님 안녕하세요?"

"미자 씨, 요즘도 일하면서 술을 많이 마시나요?"

"직장 생활을 하다 보니 그만…."

"아무래도 우리가 천국에서 못 만나게 될 것 같군요."

미자는 무척 걱정스러운 표정으로 대꾸했다.

"목사님, 대체 무슨 죄를 지으셨기에 그러세요?"

✳ 도둑의 월급

기자가 희대의 도둑에게 물었다.

"수입은 얼마나 됩니까?"

그러자 그 도둑 한참 헤아리더니,

"월급쟁이보단 좀 낫지요."

✳ 소개

어느 고등학교 교장이 강당에서 새로 부임한 교사를 소개하려고 하는데, 학생들이 너무 떠들어 대는 바람에 제대로 말을 할 수가 없었다. 그러자 매우 슬픈 표정으로 입을 열었다.

"학생 여러분, 여기 이분은 왼쪽 팔이 하나밖에 없습니다."

교장 선생님의 말씀에 일순간 학생들은 물을 끼얹은 듯 조용해졌고, 모두가 교장 선생님의 다음 말씀에 귀를 기울였다. 교장 선생님은 호흡을 가다듬고 조용히 말했다.

"그리고 오른쪽 팔도 하나밖에 없습니다."

✳ 대단한 연기력

한때 잘나가던 극단원 두 사람이 옛날을 회고하고 있었다.

"내가 햄릿 역을 맡았을 때 죽는 장면을 연기했더니 극장 안 모두가 울음바다가 되었었지."

그 말을 듣고 있던 한 사람이 말했다.

"쳇, 그게 뭐 대단한가? 내가 그 장면을 연기했을 땐 내가 들었던 보험의 담당 직원이 그것을 보고 내 아내를 찾아가 보험금을 지불하려고 했었다네."

✳ 안 되는 이유

작곡가 마이어베어와 로시니는 음악에 관한 한 지고는 못 살 정도로 경쟁심이 강했다. 두 사람은 서로 앞서거니 뒤서거니 하며 명곡을 다투어 작곡해 냈다.

어느 날 아침 마이어베어가 피아노 앞에 앉아 한참 작곡에 골몰하고 있을 때 창문 밖에서 아코디언 소리가 잔잔하게 울려 왔다. 그런데

가만히 들어 보니 아코디언 연주자가 로시니의 〈세빌리아의 이발사〉
에 나오는 아리아만 계속해서 연주하는 것이었다.

은근히 화가 치민 아이어베어는 더 이상 참지 못하고 아코디언 연
주자를 불렀다.

"이보게, 자네한테 5프랑을 줄 테니, 로시니의 집 앞에 가서 한 시간
만 내가 작곡한 노래를 연주해 주지 않겠나?"

"죄송합니다만 그렇게는 안 되겠습니다."

"아니. 왜 안 된다는 건가?"

마이어베어가 눈이 휘둥그레져서 이유를 묻자, 연주자는 천연덕스
럽게 대답하며 연주를 계속했다.

"선생님 집 앞에서 연주를 하는 조건으로 로시니 선생님한텐서 이
미 10프랑을 받았거든요."

부부 사이의 유머

유머는 인간관계의 기본으로서, 마음을 열게 하고 갈등을 줄여 주며 사이를 돈독하게 만든다. 가장 가까운 인간관계라면, 부부라고 할 수 있을 것이다. 그렇다면 부부 사이의 유머로는 어떠한 것들이 있을까?

✳ 결혼이란?

엄마를 따라 결혼식에 간 꼬마가 물었다.

"엄마, 결혼이 뭔가요?"

"응, 그건 말이지. 사랑하는 사람끼리 만나서 서로 돕고, 이해하며, 아껴 주는 거야."

"이제야 알았어요. 그러니까 엄마 아빠는 결혼한 것이 아니군요."

✳ 망사지갑

어느 무더운 여름날, 한 부인이 친한 친구를 만났다. 친구는 예쁜 망사지갑을 들고 나왔는데 부인은 그게 그렇게 부러울 수가 없었다. '그래, 여자라면 저런 지갑 하나쯤은 가져야지!' 하는 생각에 그날 밤 남편에게 졸랐다.

"여보, 나도 망사지갑 하나 사 주면 안 될까?"

계속 조르는 아내의 성화에 경상도 남편이 한마디 했다.

"와? 돈이 덥다 카드나?"

✳ 남편이 다급히 의사를 쫓아간 이유

아내가 갑자기 아파서 남편이 아내를 데리고 병원에 갔다. 의사는 들어오자마자 환자의 입에 체온계부터 물렸다. 한참 후 체온계를 확인한 뒤에 의사는 병실문을 나섰다. 그러자 남편이 다급한 얼굴로 의사를 쫓아와 물었다.

"의사 선생님, 방금 우리 집사람 입에 물린 거 하나에 얼마나 하나요? 하나 사려고요."

"아니, 왜 그러시죠? 평소에도 아내분의 건강을 체크해 주시려고요?"

"아! 아니요. 아까 그게 지금까지 아내의 입을 가장 오래 다물게 한 거라서요."

✳ 아내 찾는 방법

백화점에서 한 남자가 섹시하고 예쁜 여성에게 접근했다.

"아가씨, 잠깐만 저랑 말 좀 나눠 주시겠어요?"

"왜 그러시는데요?"

남자가 주위를 두리번거리며 말했다.

"여기에서 아내를 잃어버렸는데, 제가 자기보다 예쁜 여자하고 말을 나누려고 하면 없어졌던 아내가 귀신같이 나타거든요."

✳ 너무 놀라서

어떤 남자가 애인과 데이트를 하고 있었다. 손까지 잡고 룰루랄라 길을 걸어가고 있었는데, 길모퉁이를 휘익 도는 순간 아내와 딱 마주친 것이다. 너무 놀라고 당황한 나머지 이 남자 한다는 말이….

"여… 여보, 인사해. 우리 처제야."

✳ 저놈 잡아라

어느 날 부부가 각자 애인을 데리고 모텔에 갔다가 복도에서 딱 마주쳤다.

남편 : (당황하여) 어… 어, 아니 당신.

아내 : 침착하게 (옆에 있던 애인을 보고 남편을 가리키며) 김 형사, 저놈이요. 저놈 잡아요.

✳ 아쉽다

소파에 앉아 허탈한 표정을 하고 있는 남편을 보고 아내가 물었다.

"여보, 뭔 일 있어요?"

"우리가 연애할 때 당신 아버지가 내게 '만약 결혼하지 않으면 강간 죄로 고소해서 20년을 옥살이시키겠다.'고 하신 말씀 기억나지?"

"그런데요?"

그랬더니 남편이 하는 말.

"그냥! 감옥에 갔었더라면 오늘이 출감하는 날인데….."

✳ 안목

아내가 새 옷을 사 오자 남편이 한마디 한다.

남편 : 그걸 예쁘다고 골랐어? 도대체 물건 고르는 솜씨가 없단 말이야. 나 좀 닮아 봐!

아내 : 맞아요. 그래서 당신은 나를 골랐고 당신은 나를 골랐잖아요!

✳ 아내의 나이

거울을 볼 때마다 아내는 남편에게 묻는다.

"여보, 나 몇 살처럼 보여?"

하루 이틀도 아니고, 끊임없는 이 질문에 아무리 대답을 잘해도 본 전이다. 제 나이를 줄여서 말하면 아부라 할 것이고, 제 나이를 말하면

삐지기 때문이다. 그래서 이번에는 머리를 써서 이렇게 말했다.

"응. 피부는 25세, 주름은 27세, 몸매는 23세 같아."

아내는 함박웃음을 머금고 나를 꼭 껴안아 주었다. 남편은 씁쓸한 웃음을 짓고 돌아서며 혼자 중얼거렸다.

"여보, 안됐지만… 그걸 다 합친 게 당신 나이라고…."

건강과 관련된 유머

건강은 언제나 중요한 화두다. 그렇다면 건강과 관련된 유머로는 어떤 것들이 있을까? 다음 유머를 보고 한바탕 웃으며, 젊고 건강해지길 바란다.

✳ 의사의 진단

한 부부가 병원에 가서 남편의 종합건강진단을 받았다. 그리고 검사가 끝난 뒤 의사는 그 아내를 불렀다. 의사는 그 아내에게 말했다.

"만약에 지금부터 내가 지시하는 사항을 따르지 않으면 당신의 남편은 죽게 될 것이오. 첫째, 당신은 매일 아침 당신의 남편에게 맛깔스러운 건강식을 주어야 하고, 둘째, 당신은 매일 점심때마다 당신의 남편에게 균형 잡힌 식단을 짜 주어야 하며, 셋째, 당신은 남편에게 집안의 일로 정신적인 스트레스를 주는 잔소리를 삼가야 하고, 넷째, 당신은 남편에게 짜증을 내거나 화를 내거나 잔심부름을 시키면 안 되며, 다섯째, 당신은 집안을 항상 깨끗하게 청소를 해 두어야 합니다. 그렇지 않으면 당신 남편은 죽을 것이오."

남편과 아내는 함께 차를 타고 집으로 돌아가는 길에 남편이 아내에게 의사가 뭐라고 하더냐고 물어보았다. 그러자 아내는 남편에게 퉁명스럽게 말하길,

"당신이 곧 죽을 것이니 마음의 준비를 하래요."

✳ 운동

매일 몸이 비실거린다고 상일이한테 구박만 받던 태석이 멋진 몸을 만들기 위해 헬스장을 다니며 열심히 근육을 키웠다. 어느 날 태석이의 멋진 근육을 보고 놀란 상일이가 자기도 근육을 키우겠다고 태석이가 다니는 헬스장을 다니기 시작했다.

며칠이 지나 헬스장에서 운동을 즐기는 상일이를 보고 살짝 질투가 난 태석이가 상일이에게 다가가 시비를 걸었다.

"야, 운동하냐?"

이제 힘도 키운 상일이는 더 이상 태석에게 당하지 않겠다고 생각하며 한마디 날렸다.

"아니거든! 실내화거든!"

✳ 진료 기록

어느 날 환자가 의사를 찾아가 진료를 받았다. 그리고 환자는 의사가 진료 기록에 쓴 글씨를 보고 화들짝 놀라 말했다.

"방금 내 진료 기록부에 당신이 '신근암'이라고 쓰는 걸 다 봤소. 사실대로 말해 주시오. 그게 도대체 무슨 암이요?"

의사가 웃음을 참고 말했다.

"신근암은 제 이름인데요."

✳ 자랑

75세 되신 할아버지가 의사를 찾아갔다.

"의사 선생, 내 말 좀 들어 보소. 예전엔 안 그랬는데 이젠 예쁜 여자하고 같이 자도 그게 잘 되지 않으니 왜 그렇소?"

"아, 그건 선생님께서 연세가 많으셔서 그런 겁니다."

"그런 소리 마슈. 내 친구는 하루에 한 번씩 안 하고는 못 배긴다고 나한테 자랑하던걸?"

의사는 그 말을 듣고 대답했다.

"아, 선생님께서도 말로는 그렇게 자랑하고 다니셔도 됩니다."

✳ 진찰

심통을 잘 부리는 환자가 진찰을 받으러 병원에 갔다.

의사 : 어디가 편찮으세요?

환자 : 어디가 아픈지는 의사가 찾아야 하는 거 아니에요?

의사 : 음…. 그럼 수의사에게 가 보셔야 할 것 같습니다.

환자 : 아니! 사람이 아픈데 수의사한테 가라고요?

의사 : 네. 아무것도 묻지 않고 진찰하는 사람은 수의사밖에 없거든요.

✳ 절대 웃어서는 안 돼

비뇨기과에 환자가 찾아왔다.

"어디가 안 좋아서 왔나요?"

그러자 "절대 웃으시면 안 됩니다."라고 말한 환자가 바지를 벗어내렸다.

고추가 새끼손가락만 한지라 의사는 웃음을 참으려고 애쓰는데, 심각하게 환자가 이렇게 증상을 얘기했다.

"많이 부었어요."

남녀 간의 성과 유머

/
/

어른들의 유머에서 남녀 간의 성과 관련된 유머는 빼놓을 수 없을 것이다. 단, 이는 민감한 부분이기 때문에 부부 사이에, 격 없이 지내는 친한 친구, 그리고 같은 성별의 사람들에게 한정하여 수위를 조절해서 할 것을 권한다.

✳ 신혼 신부의 꿈

신혼의 신부가 잠자리에서 입을 열었다.

"자기, 난 요즈음 꿈에 매일 남자의 그것만 보여요."

"그거야 신혼이라서 그러지. 그리고 내가 날마다 사랑해 주니까 꿈에까지 이어지는 것이라고. 어제는 어떤 꿈을 꾸었는데?"

"글쎄 내가 남자의 물건의 경매장엘 갔지 뭐예요. 긴 것은 만 원, 굵은 것은 이만 원, 굵고 긴 것은 삼만 원에 팔리고 있더라고요. 그리고 자기 것도 보았어요."

"그래? 그럼 내 것은 얼마에 팔렸어?"

"당신 것은 팔리지 않던데요?"

"왜? 너무 비쌌던 모양이지?"

"아뇨, 너무 작아서 샘플로 돌리더라."

✳ 밤 이야기

남편이 잠자다가 목이 말라 일어났다. 그런데 부스럭 소리에 깬 아내가 하는 말.

"지금 할라꼬?"

힐끗 쳐다보곤 아무 말 없이 불을 켰더니, 요상한 눈빛으로 쳐다보며 아내가 하는 말.

"불 켜고 할라꼬?"

머리맡에 둔 안경을 찾아 썼더니, 갸웃거리며 아내가 하는 말.

"안경 쓰고 할라꼬?"

인상 쓰며 문을 열고 나갔더니, 눈을 반짝거리며 아내가 하는 말.

"밖에 나가 쇼파에서 할라꼬?"

못 들은 척 그냥 나가서 냉장고를 열고 물을 꺼내 마시고 있으니, 아내가 하는 말.

"물 먹고 할라꼬? 내도 좀 다오~~ 목이 타네?"

한 컵 가득 따라 주고 도로 들어와 잠을 청하려 하니, 실망한 눈으로 쳐다보며 아내가 하는 말.

"이따 새벽에 할라꼬?"

✳ 돈 받고 하는 것

부부가 함께 영화관에 갔다. 마침 남녀가 열렬히 사랑을 나누는 장면이 나왔다. 그 장면을 보고 있던 아내가 옆에 앉아 있는 남편의 허벅지를 살짝 꼬집으며 말했다.

"당신도 저런 식으로 해 줄 수 없어요?

그러자 남편이 하는 말.

"무슨 소리야! 저 사람이 저렇게 하는데 영화사로부터 돈을 얼마나 받고 하는지 알아?"

✳ 야한 신부

어느 회사 사장이 평소 회사 일을 열심히 하고 자신의 일을 잘 돌봐 준 여비서를 예쁘게 여겨 사내의 유능한 사원과 짝을 맺어 주었다.

결혼식을 마치고 두 사람은 호텔방에서 첫날밤을 보내게 되었다. 그런데 신부의 교성이 너무 컸다. 신랑이 소리를 낮춰 가며 말했다.

"이봐요, 그렇게 소리치면 어떻게 해? 옆방까지 들리면 창피하잖아요."

그러자 신부가 하는 말.

"어머, 어쩜 사장님과 똑같이 말을 하네."

✳ 세대별 성관계

20대: 팬티를 벗길라치면 "이러지 마~" 하면서 슬그머니 궁둥이를 들어 준다. 잘 벗겨지라고.

30대: "싫은데···. 자기 미워!" 하면서 스스로 벗는다.

40대: 아주 협박적이다. 발랑 자빠져 가지고는 하는 말이 "잘해! 알
았어? 꾀부리지 말고. 시원찮으면 알지?"

50대: "하마(벌써) 다 했어? 문전에 더럽게 풀칠만 하고 마냐."

60대: "한 거여? 안 한 거여? 들어왔다 나간겨?"

70대: "시방 뭐 한 거여?"

의식주에 관련된 유머

옷, 음식, 집 의식주는 누구에게나 꼭 필요한 공통 관심사이다. 이와 관련된 몇몇 유머들이 있으니, 때와 장소에 맞춰 잘 활용한다면 많은 사람들의 관심과 주목을 끌고, 함께하는 자리를 웃음 가득하게 만들 수 있을 것이다.

✳ 옷

아들과 딸이 있었다. 초등학교 4학년 영희와 2학년 철수가 함께 텔레비전을 보고 있었다. 그런데 텔레비전에서 화가가 누드모델을 그리는 장면이 나오는 것이었다. 좀 쑥스럽고 멋쩍은 듯한 모습으로 영희가 물었다.

"도대체 왜 화가들은 여자를 벗겨 놓고 그리는 걸까?"

그러자 철수가 당당하게 대꾸했다.

"아니, 누나는 그것도 몰라? 화가들이 옷 그리는 게 더 어려우니까 그렇지!"

✳ 수영 금지

어떤 젊고 예쁜 아가씨가 산길을 넘어 계곡을 지나고 있었다. 그런데 계곡을 보자 아가씨는 문득 수영이 하고 싶어졌다. 주위를 둘러보고 아무도 없음을 확인한 아가씨는 옷을 하나씩 벗기 시작했다.

마지막 옷까지 다 벗고 계곡에 막 들어가려는 순간, 수풀 속에서 한 남자가 불쑥 튀어나왔다.

"아가씨! 여긴 수영이 금지되어 있어요!"

화들짝 놀란 아가씨는 옷으로 몸을 가리며 말했다.

"아저씨, 그럼 제가 옷 벗기 전에 미리 말해 주셔야지요!"

그러자 남자가 말했다.

"옷 벗는 건 괜찮아요."

✳ 계산

미모의 아가씨가 할머니와 함께 옷을 사러 옷가게에 갔다. 아가씨가 옷을 하나 골라 들고는 주인아저씨에게 물었다.

"아저씨! 이 옷 한 벌에 얼마예요?"

그러자 주인아저씨가 씩 웃으며 말했다.

"그 옷 한 벌 정도는 **뽀뽀** 한 번만 해 주면 그냥 드릴 수도 있습니다."

"어머! 정말이세요?"

"네, 정말입니다."

"그럼 5벌 주세요."

웃으면서 주인아저씨가 아가씨에게 말했다.

"여기 있습니다. 그럼, 이제 뽀뽀 5번 하셔야죠?"

그러자 아가씨가 말했다.

"계산은 할머니가 하실 거예요!"

✳ 다 이유가 있지

대식가로 유명한 쇼펜하우어가 어느 날 호텔 식당에서 식사를 하고 있었다. 그가 2인분의 식사를 시켜서 혼자 먹는 걸 보고 옆자리에 있던 손님이 들으라는 듯이 혼자서 중얼거렸다.

"어머! 세상에 혼자서 2인분을 먹는 사람도 있구만!"

그러자 그 말을 들은 쇼펜하우어가 손님을 향해서 정중한 눈인사를 하며 이렇게 말했다.

"물론 나도 그런 사람 중의 하나입니다. 그렇지만 그 대신 나는 항상 2인분의 생각을 하지요."

✳ 남편과 밥

집에서 밥을 한 끼도 안 먹는 남편? 영식씨

한 끼만 먹는 남편? 일식씨

두 끼 먹는 남편? 두 식군

세끼 먹는 남편? 삼시쉐끼

세끼 먹고 간식까지 먹는 남편? 간나쉐끼

세끼 다 먹으면서 간식도 먹고 야식도 먹는 남편? 종간나쉐끼

시도 때도 없이 먹는 남편? 십쉐끼

시도 때도 없이 먹으면서 아내하고 사랑 한 번 안 하는 남편? 쌍노
무쉐끼

✳ 복수

아마추어 사진작가가 아는 지인의 저녁 초대를 받고 자기의 작품
몇 점을 가지고 갔다. 그런데 그 지인의 아내가 사진들을 보더니,

"야, 이 사진들 멋지네요. 좋은 사진기를 가지고 계신 모양이죠?"

그 말을 들은 작가가 저녁 식사를 마치고 나오면서 이렇게 말했다.

"오늘 저녁 아주 맛있게 잘 먹었습니다. 조리기구가 엄청 좋은가 봐
요."

✳ 딸의 기도

남편이 손님들을 식사에 초대했다. 식탁에 모두 둘러앉자, 아내는
여섯 살 된 딸을 보고 말했다.

"오늘은 우리 예쁜 딸이 기도해 주겠니?"

딸이 대답했다.

"난 뭐라고 해야 하는지 모른단 말이야!"

"엄마가 하는 소리 들었잖아, 그대로 하면 되는 거야."

그러자 딸은 고개를 숙이더니 기도했다.

"오 주여, 어쩌자고 이 무더운 날에 사람들을 불러다가 식사를 대접하게 하셨나이까?"

✳ 흔들리는 집

아들이 하도 술에 들어오니 아빠가 한마디 경고를 한다.

"야, 자슥아! 앞으로 다신 술을 또 그렇게 마시고 들어오면 안 볼거다."

그렇게 말했는데도 아들은 다음 날도 술에 취해 몸도 가누지 못했다.

"너 그렇게 술을 마시고 다니면 이 집을 물려줄 수가 없어. 알겠지?"

"아빠! 나도 이렇게 빙글빙글 도는 집은 필요 없어요!"

일과 직장 속 유머

일과 직장과 관련된 유머는 일상생활의 절반 이상의 시간을 일하며 보내는 우리에게 공감을 불러일으킨다. 아래 유머를 읽어 보며 나의 것으로 만든다면, 다른 사람들에게 공감을 부르는 유머를 많이 선보일 수 있을 것이다.

❈ 취직

취직이 안 돼 몇 달을 놀던 정일이가 겨우 개인 회사에 취직을 했다. 사장은 정일이를 따뜻하게 맞아 주면서 말했다.

"이보게, 보다시피 여직원도 없고 자네와 나 둘이니 열심히 해 보세."

그러고는 사무실을 둘러보며 덧붙였다.

"참, 우선 사무실 안을 구석구석 청소부터 하지."

청년은 입을 씰룩거리며 투덜댔다.

"전 대학 출신이라고요."

사장은 매우 미안하다는 표정을 짓더니, 이렇게 말했다.

"아, 미안미안! 내가 그걸 깜빡했군. 빗자루를 이리 주게. 내가 비질

하는 방법을 가르쳐 줄 테니."

✳ 상의

박봉에 시달리던 사원 하나가 큰맘 먹고 사장실에 들어섰다.

"사장님, 어젯밤에 집사람과 길게 의논을 했는데요. 지금 사장님께서 주시는 월급으로는 도저히 두 식구가 먹고살기 힘들다는 결론이 났습니다."

그러자 사장이 황당하다는 표정으로 대꾸했다.

"그래서 지금 나한테 이혼 문제를 상의하러 온 건가?"

✳ 사모님이 더 안됐지

회사에서 부장님 집들이로 직원들이 방문을 하게 되었다. 부장님 부인이 직원들을 보며,

"이 집 까다로운 양반과 같이 일하시느라 힘드시죠?"

이에 직원들이 답하기를,

"하하하! 저희야 회사에서만 대하지만 사모님은 평생 사셔야 하는 걸요?"

✳ 면접시험

현구가 떨면서 면접시험을 보고 있다.

면접관이 현구에게 물었다.

"아버님 성함이 뭐지?"

"예, 아버님 성함은 김가진입니다."

현구의 대답을 들은 면접관이 화를 내면서 말했다.

"아니, 자넨 아버님 성함을 그렇게 부르라고 배웠나?"

"죄송합니다."

"다시 한번 말해 보게!"

"예, 저희 아버님 성함은 김짜 가짜 진짜입니다!"

현구의 대답을 들은 면접관은 웃음을 참지 못했다.

✳ **그냥 쉬어!**

며느리가 시어머니에게 아이를 맡기고 여기저기 취직자리를 알아보러 다녔는데, 드디어 한 곳에서 면접시험을 보러 오라는 통보가 왔다.

면접시험장에 갔더니, 사장이 물었다.

"주부님은 전혀 직업을 가져 본 적이 없는데, 5년간의 경험이 있다고 거짓말을 했군요. 왜 그러신 거죠?"

"모집 광고에 머리 잘 돌아가는 사람을 구한다고 되어 있었는데, 그런 게 아니었나요?"

✳ 링컨과 더글라스의 과거

1858년 상원의원 선거에서 링컨과 맞붙었던 더글러스가 젊은 시절 잡화상의 점원을 지낸 링컨의 경력을 문제 삼았다.

"저어기 저 사람은 잡화상의 점원에 지나지 않았습니다."

그러자 링컨은 청중을 향해 고개를 끄덕이며 아주 자신 있는 목소리로 이렇게 대답했다.

"맞습니다. 저는 잡화상의 점원이었습니다. 제가 점포에서 열심히 일을 하고 있을 때, 주인 눈을 피해 가며 빈둥빈둥 놀고만 있었던 사람은 저기 더글러스였습니다."

✳ 동업자

동업자 춘섭이와 민준이가 점심을 먹으러 나가는 중이었다. 그런데 갑자기 춘섭이가 큰일 났다는 듯이 말했다.

"당장 사무실로 돌아가 봐야겠어. 금고 문을 잠그지 않은 것 같아."

"걱정할 것 없어. 우리 둘 다 여기 있잖아."

✳ 배우고 싶은 것

집집마다 침입해서 도둑질을 하다 잡혀 온 죄수. 교도소장이 말했다.

"에, 이 안에서는 뭐든지 한가지씩은 배울 수 있다. 좋은 기회지. 이론과 더불어 실기도 배우니까 철저하게 배워라, 알겠나? 이봐, 자네는 뭘 배우고 싶나?"

"저 말입니까? 저는 방문판매요. 집집마다 다니는 건 자신 있거든요."

✳ 내기 골프

한 사기 골프꾼이 골프장에서 캐디 대신 개를 끌고 골프를 하는 한 맹인을 발견했다. 사기 골프꾼이 맹인에게 다가가 말을 건넸다.

"선생님, 참 멋진 샷을 하시는군요. 혼자 이러지 마시고 저랑 가볍게 내기골프 한 번 하시는 거 어떠세요?"

그러자 맹인이 고개를 끄덕이며 말했다.

"좋죠, 시간은 제가 정해도 될까요?"

"그럼요, 선생님 마음대로 하세요."

"그럼 내일 새벽 1시에 합시다."

자녀와 관련된 유머

아이들은 순수하고 즐거움을 추구하는 본능이 있다. 그래서 아이들은 어른들이 예상치 못한 말로 웃음을 선사하기도 한다. 아래 유머를 보고, 아이들의 순수함에서 유머를 배워 보자. 또 자녀나 손주가 있다면, 해당 유머를 활용하여 그들과 좀 더 가까워지는 계기가 되길 바란다.

✳ 말 못하는 아기도 이럴 땐

1. 기어가기도 힘든데 걸어 보라고 할 때

2. 배고파 죽겠는데 "졸립지?" 하면서 이불 속에 눕힐 때

3. 더워 미치겠는데 "춥지?" 하면서 두꺼운 이불 덮어 줄 때

4. 우유 먹기도 힘든데 "밥도 먹을까?" 하면서 밥 먹일 때

5. 엄마, 아빠 하기도 힘든데 "할아버지" 해 보라고 할 때

✳ 순진한 애

학교 교무실로 한 통의 전화가 걸려왔다.

"4학년 1반 담임 좀 부탁합니다."

잠시 후 4학년 1반 선생님과 전화가 연결되었다.

"선생님, 어쩌죠? 원빈이가 너무나 많이 아파서 학교를 못 갈 것 같은데요."

"많이 아픈가 보군요. 몸조리나 잘하라고 전해 주세요. 그런데 혹시 전화하시는 분은 누구세요?"

"저는 우리 아빠입니다."

✳ 아버지가 하는 일

선생님이 학생들의 가정환경 조사를 위해 아버지 하는 일을 물었다. 그 아이가 대답했다.

"휴우…. 교도소에 계십니다."

깜짝 놀란 선생님이 걱정과 미안함에 다시 물었다.

"미안하구나. 마음이 많이 아플 텐데…. 어쩌다가 들어가신 거지?"

그러자 아이가 이상하다는 듯 갸우뚱거리며 말했다.

"교도관 시험 봐서 들어갔는데요."

✳ 선생님 부자예요?

학생이 너무나 말썽을 피우자 학생에게 말했다.

"너, 내일 엄마한테 학교에 들르시라고 해!"

"선생님, 돈 많아요?"

"왜?"

"우리 엄마 한 번 부르는데 30만 원인데요?"

✳ 내 어릴 적엔

민호를 앉혀 놓고 아빠는 말했다.

"짜샤, 너만 한 나이 때 아빠는 책을 읽지 않은 날은 밥도 먹지 않았어. 그리고 선생님이나 부모님 말씀은 하늘처럼 알고 실천했단 말이야."

"아빠, 참 이상해요."

"인마, 뭐가 이상해?"

"그런 사람은 커서 위대해진다는데 아빠는 지금 놀고 있잖아요!"

"위대하긴 하잖아. 많이 먹잖니?"

✳ 질문

4살배기 준이가 엄마와 함께 지하철을 탔다. 지하철 안에는 꼬마들의 장난으로 몹시 시끄러웠다. 준이 엄마는 아들에게 공중도덕에 대해 가르칠 생각으로 물었다.

"준아, 엄마가 어떤 사람이 제일 싫다고 했지?"

잠시 생각을 하던 준이가 큰 소리로 말했다.

"아빠요!"

✳ 최악의 문자 오타

1. 제 친구가 피자 먹는다는 얘기를 문자로,

[나 지금 피지 먹어] 어쩐지 너 피부가 좋더라.

2. 남자 친구와 헤어지고 펑펑 울고 있는데 남자친구의 문자,

[좋은 감자 만나] 나쁜 놈….

3. 작년에 봉사 활동 가던 도중에 엄마한테 문자가 왔는데요, 보니까

[어디쯤 기고 있니] 엄마 제가 기어서 가나요?

4. 할머니에게 '할머니 오래 사세요'를 적어야 할 것을

[할머니 오래 사네요]

5. 학원 끝나고 '엄마 데릴러 와'를 잘못 써서

[임마 데릴러 와] 뒤지게 맞았음

6. 할머니가 중풍으로 쓰러지셨다. 급하게 엄마에게 문자를 보낸다는 게 그만,

[할머니 장풍으로 쓰러지셨어]

7. 내 신발을 사러 가신 어머니, 내 신발 사이즈를 물어보려

[너 시발 사이즈 몇이야]

8. 아빠는 가끔 힘드실 때 저한테 문자를 해요.

[아빠가 너 엄창 사랑하는 거 알지?] 응, 나도 엄창 사랑해.

✳ 내 아들

1. 아들이 사춘기가 되면 남남

2. 아들이 고3이 되면 상전

3. 아들이 군대 가면 손님

4. 아들이 장가들면 사돈

5. 공부 잘해서 출세하면 국가의 아들

6. 돈 잘 버는 아들 (의사 변호사) 장모의 아들

7. 샐러리맨은 며느리의 아들

8. 공부 못해서 취직 못해 백수로 빚진 아들은 영원한 내 아들

✳ 성모상

초등학생이 성당에 있는 성모상 앞에서 기도를 드리며 말했다.

"성모님! 내일 시험 잘 보게 해 주세요. 만약 제 기도 안 들어 주시면 때릴 거예요."

우연히 그 앞을 지나던 신부님이 그 말을 듣고 성모상을 작은 성모상으로 바꿔 놓았다. 다음 날 초등학생이 씩씩대며 성모상에게 말했다.

"네 엄마 어디 갔어?"

✳ 못 말리는 아들

아들이 학교에서 시험을 보는데 다음과 같은 문제가 나왔다고 한다.

"'코'가 들어간 속담을 쓰시오."

아들은 답을 이렇게 썼다고 한다.

"소 잃코 외양간 고친다."

✳ 이왕이면

여섯 살 난 아이를 데리고 엄마가 전철을 탔다. 아이를 바라보고 있던 옆자리의 아줌마가 아이에게 맛있는 참외를 주었다. 아이는 인사도 없이 덥석 받았다.

"철수야, 어른이 과일을 주셨을 때 뭐라고 말해야 하지?"

엄마가 엄한 목소리로 말했다.

아이는 잠시 생각하더니 말했다.

"껍질도 벗겨 주세요."

✳ 명답

아버지 : 이 녀석아! 너는 죽도 밥도 안 되고 뭐가 될래?

아들 : 누룽지요!

✳ 머리카락

아들 : 엄마, 아빠는 왜 머리카락이 그렇게 없어요?

엄마 : 그건, 아빠가 머리를 너무 많이 쓰기 때문이란다.

아들 : 그럼 엄마는 왜 그렇게 머리카락이 많은 거죠?

엄마 : 그건 말이다. 있잖아…. 너 저리 가서 공부하지 못해?

정치와 관련된 유머

유머에는 풍자 기능도 있다. 특히 정치 유머에서는 이러한 기능이 더욱 두드러지는데, 정치인들의 부정과 타락을 드러내며 우리 사회의 구조적인 불평등 현실을 비판하는 역할을 한다. 다음의 정치 유머들을 살펴보며, 내 마음속에 숨어 있는 불만과 분노를 해소해 보자.

✳ 정상회담이 실패한 이유

미국의 전직 대통령 클린턴에 대한 조크. 클린턴과 로마 교황이 장시간에 걸친 정상회담 끝에 성명 발표를 했다. 클린턴이 먼저 말했다.

"교황과 저는 80%의 합의를 보았고, 회담은 성공적이었습니다."

하지만 교황은 낙심한 얼굴로 단상에 올라서서 말했다.

"미 대통령과의 회담은 실패했습니다. 유감스럽습니다."

한 기자가 물었다.

"교황님, 클린턴 대통령은 80% 성공이라고 말했는데요?"

그러자 교황이 대답했다.

"저는 미 대통령에게 '십계명'을 지키라는 내용의 회담을 했습니다."

✳ 죽어야 산다

정치인들이 탄 비행기가 바다에 추락했다. 기자들이 의사에게 묻는다.

"대통령은?"

"가망 없습니다."

"총리나 장관은?"

"가망 없습니다."

"여당, 야당 대표는?"

"가망 없습니다."

"그럼 누가 살 수 있나요?"

"나라는 살아나겠습니다."

✳ 로빈 후드가 지금 살아 있다면

"로빈 후드가 지금 살아 있다면 세상은 어떻게 변했을까?"

"그 사람이 누군데?"

"그 사람은 부자의 돈을 빼앗아다가 어려운 사람들 도와주지 않았나?"

"아마도 그 사람이 살아서 반대로 살았다면 워싱턴에서 한자리하고 있었을 테지."

✳ 내가 입당한 이유

공화당 지지자인 어떤 사람이 트루먼에게 민주당에 입당한 이유를
묻자 그는 이렇게 대답했다.

"제 아버지가 민주당원이기에 민주당을 택했던 겁니다."

이 말에 공화당 지지자가 야유를 보냈다.

"아버지가 강도였다면 당신도 강도가 됐겠는걸?"

그러자 트루먼은 정색을 하며 대꾸를 했다.

"만일 아버지가 강도였다면 나는 당연 공화당에 입당했을 겁니다."

✳ 강연은 어떡하고?

미국의 소설가인 헤밍웨이가 강연 약속이 생겨서 시카고행 여객기
를 타려고 할 때였다.

갑자기 상원의원 한 사람이, 중요한 일 때문에 급하다며 헤밍웨이
가 예약한 좌석을 가로채고 말았다. 헤밍웨이는 할 수 없이 비행기를
포기해야 했다.

그런데 문제의 상원의원은 시카고로 헤밍웨이의 강연을 들으러 가
는 길이었다.

✳ 불운과 재난의 차이점

빅토리아 여왕 시대에 영국 정치를 좌지우지했던 보수당의 디즈레일리와 자유당의 글래드스턴은 평생 양숙으로 지냈다. 어느 날 누군가가 디즈레일리에게 이런 질문을 했다.

"불운과 재난의 차이점은 무엇인가요?"

그러자 디즈레일리는 거침없이 이렇게 대답했다.

"예를 든다면, 글래드스턴이 템즈강에 빠졌다면 그건 불운이라고 할 수 있습니다. 하지만 그가 강물에서 구출된다면 그거야말로 재난이라고 하겠죠."

오늘에 감사하면서 살아가자

살아 있기에 고통도 있는 것이고 스트레스도 있는 것이다. 경험할 수 있는 것을 다 경험하고 나니, 하루가 경이로움이고 감사다.

삶이 너무나 허하고 무료하다면 할 일을 찾아야 한다. 80이 넘으신 분이 봉사 활동을 하고 춤도 배우며 운동도 열심히 하신다. 그분을 뵈면 역시 나이는 숫자에 불과하다는 것이 저절로 느껴진다. 그분은 항상 우리들을 보시며,

"그 나이에 뭔들 못해? 무슨 내 앞에서 나이 탓이냐?"

라고 호통을 치신다. 아침에 눈을 뜨시면 만세를 부르시며 "야호! 오늘도 살았다."를 외치신다고 하신다. 그분에겐 부정적인 말이나 태도를 전혀 찾아볼 수가 없다. 갑상선암으로 죽음 문턱까지 다녀오셨으니 살아 있는 오늘이 왜 감사하지 않겠

느냐며 부정적인 생각은 조금도 갖지 않으신다고 하신다.

남이 나를 어떻게 볼 것이 문제가 아니라 나 스스로가 그것을 어떻게 받아들이느냐가 문제다. 낙천적인 생각은 스스로 노력할 때 결과로 보이는 것이다.

나를 사랑하려는 마음이 무엇보다 중요한데, 내가 나이가 들면서 기력과 기억력이 없어지고 인내심이 줄었음을, 시력이 많이 감퇴되었음을 어느 정도 인정할 줄 알아야 한다. 나이 듦을 부정하는 것은 현실의 삶의 일부를 부정하고 거부하는 것과 다름없기 때문이다.

100세 시대에 세월의 절반을 살았다고 해서 미리 비관적일 필요는 없다. 20 노인이 있으면 80 청춘이 있다고 하지 않는가? 세월이 주는 감사함도 생각해 보고 내가 지금부터 할 수 있는 일을 찾아보자. 분명히 있을 것이다. 자원봉사도 좋고 취미 활동도 좋다.

사람은 의지의 탄력이 있으면 절대로 늙지 않는다고 했다. 자식을 키우고 가정을 지금까지 견고하게 만들어 놓았으니 이제는 나를 위해 살아 보자. 그렇다고 가정을 등한시하라는 말은 아니다.

나는 항상 말한다. 여성은 위대하다고. 그 위대함을 잊고서 나이 타령하며 우울해 말라는 것이다. 지금까지 울타리에 있느라 경력이 단절되어 있었다면 지금부터라도 세상에 나오라는 말을 하고 싶다. 그리고 웃어도 보고 삶의 의미도 찾아보자. 반드시 새로운 활기가 돌 것이라도 나는 장담한다.

"된다. 된다. 반드시 나는 된다."

내가 이 구호를 외치는 이유는 잠자고 있는 나를 깨우게 되기 때문이다. 이 책을 읽으시는 분들도 이 구호를 외쳐 보시라. 반드시 에너지가 살아나는 것을 느낄 것이다. 내 삶의 주인공은 바로 나다. 하루하루를 즐겁고 행복하게 살자.

영월에서
전소영 올림

참고 자료

- 남재혁, 『리더의 감성지능과 리더십 스타일에 관한 연구』, 한국 항공대 대학원, 2005

- 대니얼 골먼, 장석훈 역, 『감성의 리더십』, 청림출판, 2003

- 박인옥, 『재미가 세상을 바꾼다』, 책과나무, 2021

- 분승권 · 문형남 · 신정길 지음, 『감성경영과 감성 리더』, 넥스비즈, 2008

- 신정길, 『감성경영 감성리더십』, 넥스비즈, 2004

- 시마다 아키히코, 박금영 역, 『소통이 인맥이다』, 앱투스미디어, 2010

- 인터넷 유머 참고

- 정미영, 『스피치 커뮤니케이션 이론과 실제』, 한국학술정보, 2009

- 조관일, 『대화유머기법』, 위즈덤하우스, 2007

- 조광현, ETRC 센터장, 「인간의 감성을 읽는 기술과 서비스」, 네이버뉴스, 2011

- 최광선, 『인간관계 명품의 법칙』, 리더북스, 2006

- 하준호, 『한국적 감성 리더십』, 미래문화사, 2011

- LG경제연구원(www.lgeri.com)